基礎と上達がまるわかり！

海釣り

動画付き
改訂版

完全BOOK

仕掛け・釣り方最強のコツ
動画付き改訂版

プロアングラー　山口 充 監修

HOLIDAY FISHING

釣りには海や川、船釣りや堤防釣りといろいろな釣りがある。
一つの魚種を狙い続ける人、
旬の魚を釣る人…釣りのスタンスも人によって違う。
釣りは、一人でも家族や友人とでも、どんな組み合わせでも楽しめる。
釣りを始めて楽しい余暇を過ごしてみよう。

Step1 サーフ釣りをする

船や堤防は混雑するので今回は、釣りができる広々とした砂浜でのランガンソルト。サーフでシーバスを狙う。朝まづめを逃してしまったが、その分ゆっくりと準備をして釣りの時間を満喫しよう。

▌WORD▌

・ランガンソルト：歩いてポイントを探して釣りをする方法。
・サーフ：砂浜
・ルアー：魚を模した疑似餌　P.20
・シーバス：スズキ　P.128
・朝まづめ：魚がよく釣れるとされる朝方の時間帯
・リリース：釣れた魚を海に戻すこと

Step2　釣りの準備をしよう

▌WORD▌
・ロッド：竿
・ライン：糸

釣りの道具は前日に。車で行くなら積み込みも前日に行う。到着したら、釣りができるように組み立てる。ロッドを組み立て、ラインを結んだり、ルアーは何にするか考えたり、目の前の海の様子や天気を見て判断するのも楽しい。

POINT　仲間を誘おう

陸での釣りはオカッパリといい、自分で全部行わねばならない。そのため、釣りの道具からラインを結ぶ知識も既に頭に入っていないと不安だ。そんなときに釣りに詳しい仲間がいれば頼もしい。

Step3　ポイントを探そう

広大な海。どこがポイントなのかはキャストしてみないとわからないが、海面の様子を見たり、潮の流れをチェックしたり、砂浜の形状を目で見てどこが釣れそうかを想像することはできる。道具を持って歩いて探そう。

POINT　バッグは必需品

気軽な間隔で砂浜で釣りをするなら、バックパックなどで十分。入れるものは、替えのルアーや釣り道具。釣れた時のためのスケールやフィッシュホルダーなど。

▌WORD▌
・ポイント：魚が釣れる場所
・キャスト：仕掛けやルアー
　を投げること

Step4　いざキャスト

いよいよ海へ向かってキャストする。アタ
リがあったかと思ったら根掛かり…なんて
ことも。ルアーはロストせず引き抜けるこ
ともある。

┃WORD┃

・アタリ：魚が仕掛けの針に掛かって糸を通して竿に振動が響くこと

・根掛かり：海藻や岩などに針が掛かり取れなくなること

・ロスト：なくすこと

Step5 休憩も取ろう

釣りは、気候に合わせた装備や道具を揃えておか
ないと快適に楽しめない。夏は日よけや熱中症対
策に飲み物を多く持参しておき、冬の釣りでは温
かい飲み物を水筒に用意する。船ではいつでも自
由に休めるが、時間がもったいないので、ポイン
トを移動する時に休憩を取ろう。

POINT　ゴミは持ち帰ろう

釣り人のマナーの悪さで釣り禁止エリアが
多くなっている。堤防でも砂浜でも、使っ
た仕掛けの袋などゴミは必ず持ち帰ろう。

Step6 撤退

夕まづめまでは時間がありすぎたので、自
然を楽しんだということで終了。サーフは
やや難易度が高い。次回は海釣り公園や海
上釣り堀（P.12）で挑戦してみよう。

┃WORD┃
・夕まづめ：魚がよく釣れるとされる夕方の時間帯

本書の使い方

本書では定番の釣り魚の生態と釣り方の基礎、ポイントとなるコツを 70 個解説したものです。
釣りを始める前の基礎知識から実際の釣り方、持ち帰った後の調理のコツも紹介しています。

1 対象魚の概要

3 釣り魚の生態

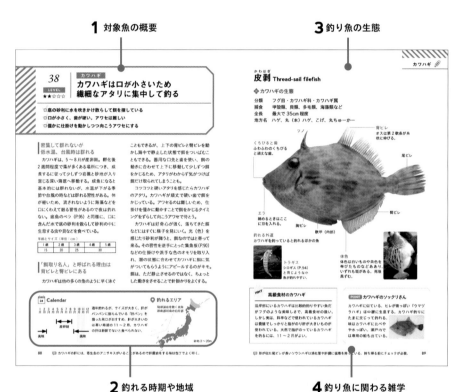

2 釣れる時期や地域

4 釣り魚に関わる雑学

---

1 対象魚の概要

釣りたい魚の概要を解説します。生息地、成長の過程や捕食の仕方や習性について紹介。

2 釣れる時期や地域

対象魚の釣れる時期や産卵期、釣れる地域を解説します。

3 釣り魚の生態

対象魚の大きい写真と特徴などを解説します。関わりのある魚も掲載。

4 釣り魚に関わる雑学

対象魚の生態や知っておくと釣りに役立つヒントやポイントなどを紹介。

5 釣具と仕掛け図

必要な釣具、代用できる竿や仕掛けの基本例を図解。

6 釣具一覧

ひとめでわかる必要な釣具を、見やすいアイコンで紹介。

3つの構成

本書では、釣りに行く前に役立つ知識を Chapter1 で、現地で役立つ知識を Chapter2、釣った後の調理に役立つアイデアを Chapter3 で掲載しています。

Chapter1 基礎知識 → Chapter2 釣り方 → Chapter3 調理

---

5 釣具と仕掛け図　　　　　　　　　　**7** 釣り方

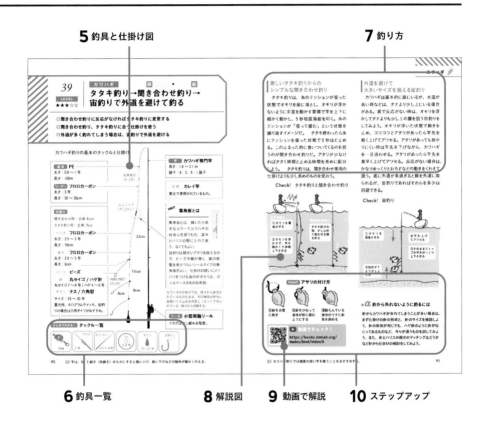

6 釣具一覧　　　**8** 解説図　　　**9** 動画で解説　　**10** ステップアップ

---

7 釣り方
釣り方のポイントや釣りに必要な知識、水中の動きを解説します。

8 解説図
初心者にもわかりやすく、基本の釣り方をイラストでも解説します。

9 動画で解説 ▶
二次元バーコードをスマホで読み込むと糸の結び方などの動画解説を視聴することができます。

10 釣り魚に関わる雑学
釣り方にまつわる POINT や + α で、経験者にも役立つステップアップを解説。

動画をまとめて観る ▶

https://www.youtube.com/watch?v=siu-_kLZURg
お手持ちのスマートフォンで二次元バーコードを読み込めば動画を視聴することができます。

INDEX

※本書は2020年発行の『海釣り完全BOOK 仕掛け・釣り方最強のコツ新版 基礎と上達がまるわかり』を元に、新たに動画コンテンツの追加と装丁の変更、必要な情報の確認・更新を行い、「改訂版」として新たに発行したものです。

Chapter2　釣魚とその釣り方

INDEX

Chapter3　調理をする

Chapter1
釣りの基礎知識

釣りではテクニックだけではな
く知識も重要。まずは海と釣り
の基礎知識を知っておこう。

01

LEVEL
★☆☆☆☆

準備編

まずは自分がしたい
釣りのジャンルを見極める

□ まずは安全第一！　安全性が高いものから始めよう
□ まずは釣れる確率が高いものを選ぼう
□ やりたい釣りはおかっぱりか、沖釣りなのか選ぼう

「おかっぱり」派　船に乗らず陸からの釣りを「おかっぱり」という。

海釣り公園で釣る　難易度 ★☆☆

海釣り公園では比較的安全が確保され、釣れる魚種も豊富。四季を通して様々な釣りが楽しめるなど、小さな子ども連れの人や、手軽に釣りをしたい人におすすめの施設だ。

堤防で釣る　難易度 ★☆☆

子どもから大人まで楽しめ、最も利用者が多いのが堤防釣りだ。地域によっては釣り禁止の場所も多いので、事前にしっかり確認して、安全を確保して行う必要がある。

沖釣り派　海の上（沖）での釣りを「沖釣り」という。

海上釣り堀で釣る　難易度 ★☆☆

海の上に囲いを設け、その中で泳ぐ魚を釣る施設。船酔いが心配な人や、沖へ出るのが不安な人、手軽に大物を釣ってみたい人などに向いている。

船上から釣る　難易度 ★★☆

遊漁船と呼ばれる、船釣り専門の船に乗る。複数の人が乗り合う「乗合船」、船をまるごと借り切って自由に釣れる「仕立て船」があり、釣る魚と釣り方は各船で決まっている。

　海上釣り堀はマダイ、シマアジ、ワラサなどがメインに大型の魚が泳いでいる。

ビギナー向け目的別おすすめの釣りスタイル

家族連れなど
リーズナブルに安全に釣りを楽しみたい

→ **海釣り公園**
釣れる確率も高く、施設使用料は安価。施設によってはレンタルもできる。

Step UP → **堤防**
海釣り公園と違い、道具のレンタルや売店はないが、ポイントさえ押さえればしっかり釣れる。

一人、複数
道具はないが釣った魚を食べてみたい

→ **海上釣り堀**
費用はかかるが、その分大型の魚が釣れる確率が高い。道具もレンタルできる。

Step UP → **遊漁船**
船酔いの心配があるが必要な道具はレンタルでき、堤防よりも釣れる確率は上がる。

浜（サーフ）で釣る　難易度 ★★☆

磯竿など遠投できるもので浜辺から投げて釣る。防水装備で海の中に立ち入ってシーバスを狙う玄人向けのスタイルもある。釣り禁止の場所もあるので、事前のチェックが必要だ。

ボートで釣る　難易度 ★★★

ボート釣りは出船時間も自由で気軽に楽しめる。自分で魚がいるポイントを探したりと釣りの基本を学ぶことができる。海のトラブルに対応できる知識や経験が必要となる。

サバイバル度が高い釣り

安全への高い意識が必要であったり、釣り以外の技術が必要なものもある。

磯で釣る　難易度 ★★★

磯は足場が悪く、危険度が非常に高い。しっかりとした装備、知識、安全への強い意識などが必要。大型の魚を狙う人が多い。

SUP/カヤックで釣る　難易度 ★★★

立ち漕ぎサーフィン（SUP）やシーカヤックを利用する釣り。操縦の技術、海のトラブルに対応できる知識や経験が必要。

地域によって、イカダの上に乗って釣る「イカダ釣り」や氷の上やドームから釣る「ワカサギ釣り」がある。

準備編

餌釣りでもルアー釣りでも使う 基本の道具を揃える

□ 釣りの環境、ジャンルに合わせて道具を選ぶ

□ ライフジャケットは必需品！　動き方を考えて選ぶ

□ クーラーボックスは釣る魚の大きさや釣行までの手段を考慮して選ぶ

◆ 基本の道具

どの釣りでも必ず必要な基本の道具。釣りたい魚や釣り方によって変わるものもあるので、決めてから揃えたい。

ラフトジャケット型式承認品（マルキュー）

クーラーボックス　すべての釣り

発泡スチロールをプラスチックで囲ったものが主流。保冷力に優れる素材に発泡ウレタン、真空断熱パネルなどがある。シロギスやカワハギなら小型のもので十分。釣りの帰りは魚と海水、氷も入り、非常に重くなるので電車での移動であればキャリー付きがおすすめ。

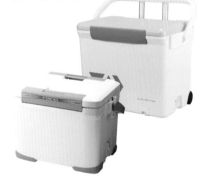

手前：フィクセル・ライト 170（SHIMANO）
奥：シークールキャリー GU/S 2500（DAIWA）

ライフジャケット　すべての釣り

品質が保証された国土交通省の認可を受けているものを選ぶようにしよう。膨張式は自動と手動のものがあり、肩にかけるもの（上）と腰にまわすもの（下）などデザインも様々。腰にまわすタイプは、ベルト部分によく使うものをさげるなど工夫して使うこともできる。

ラフトエアジャケット（ウエストタイプ・膨脹式救命具）（SHIMANO）

竿とリール　すべての釣り

竿（ロッド）とリールは釣りのスタイルと釣り方によって変わる。竿に適合するリールを用意する。

左：（ロッド）LIGHT GAME CI4 Moderato TYPE73 H195（SHIMANO）
右：（リール）ソアレ BB/2000HGS（SHIMANO）

💬 クーラーボックスを選ぶ時は、対象魚とともに中身がつまった時に持ち上げられるかどうかも判断基準にする。

❖ その他の道具

釣る場所や釣り方によって必要な道具が異なる。堤防や船で定番の道具を紹介。

糸（ライン）・仕掛け・ルアー　すべての釣り

どれも釣る魚に合わせて、必要なものを用意する。ラインは餌とルアーで異なり、餌釣りであれば釣りたい魚に対応した仕掛け、ルアー釣りでも釣りたい魚に合ったルアーが必要となる。

左：HI-VISIBLE30lb（サンライン）
中央：房総剣崎イサキ（YAMASHITA）
ルアー：Mar Amigo2（ヤマリア）

タモ　堤防

魚を取り込むもの。重い魚や、腕力がないなど、海から引き上げられないと判断した時にタモですくう。

水汲みバケツ　堤防

堤防であれば水汲みバケツは必須。
プロバイザー・スーパー水くみ（DAIWA）

ミニハサミ・プライヤー　すべての釣り

ハサミは餌やラインをカットするために、プライヤーは針掛かりした魚やルアーを装着するときなどに使用する。

左：ベストハサミ PB ナイトリミテッド（SHIMANO）
右：フィールドプライヤー R 130H（DAIWA）

バッカン　堤防

道具や水、撒き餌を入れて運ぶためのもの。撒き餌を撒く場合は柄杓も必要となる。

プロバイザー スーパーバッカン（DAIWA）

酔い止め薬　船

船釣りでは船酔いしても、釣りが終わるまで戻ることはできない。心配な人は事前に必ず飲んでおこう。酔い止め薬によっては、眠くなりやすいことがある。車釣行の場合、帰りの運転には特に気をつけよう。

アネロン「ニスキャップ」指定第二類医薬品（エスエス製薬）

船はクーラーと小道具 堤防ではすべて自前で用意する

　釣りの道具を揃える前に、自分がする釣りはおかっぱりか船、餌かルアーか（P.22）など、やりたい方法を検討しよう。特に竿とリールと糸は、釣り方と魚種が決まってからそれぞれの機能をよく理解し、選ぶ必要がある（P.22 ～ 27）。

　荷物が一番多くなるのが堤防や磯での餌釣り。有料で利用する施設や船宿などは、追加料金を払えばレンタルが可能。ただし、クーラー、ハサミ、プライヤーなどの小道具は購入して自前で用意する。

　釣りは事前の準備とその後の清掃を怠ると錆びたり臭ったりする。特に金具はぬるま湯で塩水を洗い流したり、しっかりと乾かすなどメンテナンスをこまめに行うことが重要。

💬 餌やルアーは魚種に応じてそれぞれ用意する。

03

LEVEL

★☆☆☆☆

準備編

便利な道具を揃えることで
手際よく釣りをすることができる

□ 針外しなどの便利な道具があるとスムーズに釣りができるようになる

□ 防水のケースや整理整頓する道具があると手元がモタモタしない

□ 快適な釣りをして思う存分楽しさを味わおう

◆ 魚に対して使うもの

魚を釣ったあとも、写真を撮ったり魚を締めたりと、やることはたくさんある。
釣るだけでなく釣ったあとのことも考えて道具を用意しておこう。

針外し 小型の魚

小型の魚が針を飲み込んでしまった時に
使う。針外しがあれば魚を傷めずに済む。
魚を釣ったあとの一連の動作を「手返し」
というが、手返しが悪いと釣りの時間が
減り、釣果も落ちてしまう。

ヤマシタはずしっこ3（YAMASHITA）

中 - 大型の魚
フィッシュキャッチャー

直接手で魚に触れると、棘によ
る怪我の原因に。また、魚が人
の体温で火傷し、傷んでしまう
ので、それを防ぐためにもフィッ
シュキャッチャー（フィッシュホ
ルダー）があるとよい。

フィッシュキャッチャー（10 minutes）

ナイフ 小 - 大型の魚

釣った魚を鮮度良く持ち帰るためには、ナイフで血
抜きをする必要がある。生きて抵抗する魚に刃を入
れるので、使いやすいものを選ぼう。
フィッシュデバ（DAIWA）

フィッシングメジャー3（DAIWA）

スケール・メジャー 中 - 大型の魚

良型、大型の魚を釣ったら、スケールの上に置いて写真を撮っ
て記録する。リリースするなら手早く行う必要がある。写真の
ようなメジャーや、クーラーに貼れるシールタイプもある。

💬 船釣りでは釣ったあとに、モタモタして手元ばかりを見ていると船酔いにもつながる。

❖ 焦らずスマートに釣りをしたい

釣れているタイミングで手元が乱れると、釣りに集中できない。
なるべく動作がコンパクトになるように整えておきたい。

LIFEPROOF nuud
for iPhone 6 (LifeProof)

道具ケース

釣りの道具は整理整頓が必須。
道具ケースにはルアーやパーツなどを入れておく。ケースは道具に合わせて様々な大きさがある。

スタッフケース 30M（SHIMANO）

防水バッグ

衣類や釣具を海水から守るために防水バッグは必需品。釣具の金属部分は錆びやすいので注意が必要だ。

フィールドバッグ10（B）（DAIWA）

防水ケース

スマートフォンが防水でないと、位置情報を確認したり写真を撮るにも手を拭いたりと煩わしい。周囲が濡れていることも多いので、防水ケースがあると安心。

❖ 快適に釣りをしたい場合にあるとよいもの

釣りは、海水や餌、魚の血液などで衣類や道具が汚れがち。
道具や自分の手元は清潔にしておくと気持ちがいい。

ジッパー付き袋

密封できるので、ぬめりのある魚と他の魚をクーラーの中で分けたり、濡れたら困るものも入れておける。ゴミ用にも1枚用意しておこう

ジップロック®
フリーザーバッグ　大・中
（旭化成ホームプロダクツ）

タオル・ウェットティッシュ

手や道具についた生臭い匂いや汚れを拭き取るためにあると快適。

クッション

船釣りなど腰にかかる負担が緩衝され、ウェアのお尻部分の摩耗も軽減される。

ボートクッション（Natural Distortion）

服装編

釣りをする季節に合わせて 装備を用意する

□ サングラスや帽子は針などから目を保護するためにも必需品

□ 夏は発汗や、日焼け、熱中症対策も重要

□ 冬は防寒を重視し、体が冷えないように着込むことが大事

◇ 頭部を守るもの

帽子は必需品。夏は熱中症予防、冬は防寒に。ルアーなどから頭部を守るためにも必要。サングラスもルアーなどによる怪我や日焼けから目を守る必須アイテム。

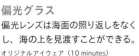

帽子

キャップは眩しさから視界をキープするのによい。ハットタイプのものは風に飛ばされないように紐がついているもの。冬は防寒重視で耳が覆えるものがよい。

左：キャップ（BURITSU）上：ティートンタワーズブーニー（Columbia）
右：DC-9104W（ボンボン付きケーブル編みニット）（DAIWA）

偏光グラス

偏光レンズは海面の照り返しをなくし、海の上を見渡すことができる。

オリジナルアイウェア（10 minutes）

▌機能や使い勝手のよいデザインを 選び、ケアをしっかりと行う

　ウェアは自分の好みのデザインで揃えたいが、機能面もしっかりと調べておきたい。まずは防水性があり、風を遮断するものであること。ゴム性の雨合羽は防水性は抜群だが、自分の汗で蒸れる。理想的なのは防水性と透湿性（水蒸気を通す性質）のある素材でできたウェアを選ぶこと。これなら汗をかいても蒸れないため、通年使える。

　船釣りでは普通のスニーカーなどで行くとずぶ濡れになる。船の上で長時間濡れていると足元から冷えてしまうので、専用の長靴や防水性の高い靴がいいだろう。また、靴に限らず、海水は、釣りのあとにきちんと洗わないと臭いの元になるのでメンテナンスも重要だ。釣りに行くたびに、何が必要かがわかってくるが、最初のうちはまわりの人が何を使っているかチェックして参考にしよう。

❖ ウェアやグローブ、シューズを選ぶ

海水や風から身を守るウェアなど機能性を考えつつ、自分好みで揃えてみよう。

インナー

夏は速乾性があり、着心地のよいものを。冬場は長袖、さらにカイロなどを貼りその上にスウェットやフリース、またはダウンジャケットの上に、レインウェアを着ると良い。

Tシャツ（BURITSU）

レインウェア

素材の防水透湿性やチャック部分、フードのデザインやポケットの機能性を重視したい。

ジャイアントセダーズレインスーツ（Columbia）

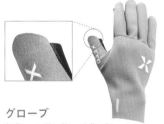

ネックウォーマー

防寒には、首裏で調整ができてずり落ちないものなどを選ぶ。首にスッキリと巻き付くネックウォーマーだと丁度いい。

サーマレイターネックゲイター
(Columbia)

グローブ

親指、人差し指、中指がカットされており、他の指は保護されているグローブがおすすめ。

XEFO・クロロプレンフィンガー3カットグローブ
(SHIMANO)

シューズ

船釣りでは滑らず、足を保護するものがおすすめ。素材がEVA製のシューズなら濡れても汚れてもサッと洗えて便利。

Jeffersonシリーズ（native）

GlassGreen/ShellWhite

ShellWhiteSolid

長靴

船では滑らず、浸水しないものを選ぶようにしよう。自宅から長靴で行くことを避けたい人には折り畳めてコンパクトになるデザインがよい。

バードウォッチング長靴（日本野鳥の会）

💬 ゴアテックスの手入れは、専用の洗剤や乾かし方をきちんとすることで撥水性を保つ手助けになる。

準備編

たくさん釣るなら餌釣り 駆け引きを楽しむならルアー

- □ 餌とルアーの違いを理解する
- □ ルアーには対象魚や機能によって様々な種類がある
- □ 釣りたい魚はどちらの釣り方がいいのかを知る

❖ 餌釣りの特徴

餌釣りは餌を使って魚を誘う釣り方のこと。釣果も期待できるので初心者向きの釣りと言える。なかでも撒き餌を撒いて魚を引き寄せて釣る「コマセ釣り」は効果的に魚を誘うことができるのでおすすめだ。

魚を寄せて釣る
餌釣りは餌を使うことで魚を引き寄せて釣る方法。

サビキ釣り

船や堤防、磯では餌を撒いて魚をおびき寄せて釣る。

船の餌釣り

魚がいる場所まで行き、仕掛けを足元に落として餌で釣る。

コマセ（撒き餌）

アミエビ（アキアミとも言う）の撒き餌。

プランクトンのオキアミ（エビの仲間）で作られる撒き餌。

オキアミはコマセだけでなく付け餌としても使う。

付け餌（針先に付ける餌）

カワハギ釣りで使うアサリ（中身のみ使用）。

アオイソメ、ゴカイなどの生きた海の虫。

「泳がせ（生きたまま泳がせる）」で使うイワシ、アジ、ハゼなどの小魚。

❖ ルアーフィッシングの特徴

ルアーフィッシングは小魚を模したルアー（疑似餌）を糸の先に付け、竿やリールであたかもルアーを生きた小魚のように動かすことでフィッシュイーター（肉食魚）を釣る方法。

魚を魅惑して釣る

ルアーフィッシングは一対一の駆け引き。いかに魚を誘惑し、釣り上げるかが醍醐味。

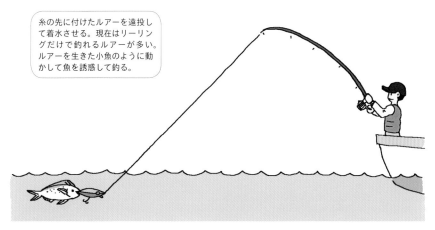

糸の先に付けたルアーを遠投して着水させる。現在はリーリングだけで釣れるルアーが多い。ルアーを生きた小魚のように動かして魚を誘惑して釣る。

豊富な釣具

ルアーには様々な種類がある。魚や釣り方、海の状況に合わせて用意する。

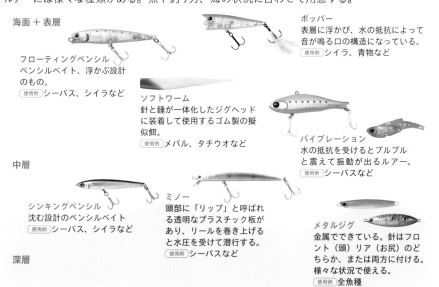

海面＋表層

ポッパー
表層に浮かび、水の抵抗によって音が鳴る口の構造になっている。
使用例 シイラ、青物など

フローティングペンシル
ペンシルベイト、浮かぶ設計のもの。
使用例 シーバス、シイラなど

ソフトワーム
針と錘が一体化したジグヘッドに装着して使用するゴム製の擬似餌。
使用例 メバル、タチウオなど

バイブレーション
水の抵抗を受けるとブルブルと震えて振動が出るルアー。
使用例 シーバスなど

中層

シンキングペンシル
沈む設計のペンシルベイト
使用例 シーバス、シイラなど

ミノー
頭部に「リップ」と呼ばれる透明なプラスチック板があり、リールを巻き上げると水圧を受けて潜行する。
使用例 シーバスなど

メタルジグ
金属でできている。針はフロント（頭）リア（お尻）のどちらか、または両方に付ける。様々な状況で使える。
使用例 全魚種

深層

💬 ルアーは目的の魚や時期、場所によってベストなものを選ぶ必要がある。

準備編

釣りたい魚、釣り方が決まったら リールを選ぶ

□ リールにはスピニングリール、両軸（ベイト）リールがある
□ 大物が掛かる可能性がある時は、ドラグを調整しておきバラしを防ぐ
□ ギア比、糸巻量などの性能を理解し使い分ける

❖ リールの種類と特性

リールには大きく分けてスピニングリールと両軸（ベイト）リールがあり、両軸リールには自動的に糸を巻く「電動リール」もある。

ステファーノ XG
(SHIMANO)

スピニングリール

ソアレ BB/2000
HGS (SHIMANO)

糸の先につけた仕掛けやルアーがスムーズに流れ出て、初心者でも扱いやすい。魚の負荷がかかった時に糸が切れないように調整する「ドラグ」の性能がよい。

両軸（ベイト）リール

仕掛けやルアーを投げる時にコントロールがしやすい。構造がシンプルなため、重量のあるものを取り込んだり、重めのルアーを投げやすい。太い糸でもトラブルが起きにくい。

NEW カルカッタ コンクエスト (SHIMANO)

両軸リールの電動

船の電力や別売のバッテリーを持参し、電力を供給することで、自動で糸が巻くことができる。深場の釣りで活躍する。

本体と電源をケーブルで接続する際、赤と黒を間違えず接続すること。電源設備がない船があるため事前に確認しよう。

フォースマスター 400
(SHIMANO)

┃ リールは性能と軽さを 重視して予算内で選ぼう

　釣りたい魚、釣り方を選んだらリールの種類、大きさが決まる。リールには様々なサイズがあるが、例えばシロギスやカワハギ釣りなら小型のリールで十分。大きさは各メーカーによって異なり、「番手」と呼ばれる数値で区別される。リールには、大別するとスピニングか両軸かの2種類があるが、共通の「ドラグ力」「ギア比」「糸巻量」の3つのスペックの意味は理解しておこう(右ページ)。リールを選ぶにあたり、これら3つの要素以外にも、リール自体の重さも重要だ。例えば餌釣りで竿やリールが重いと、魚が掛かったときの振動がわかりにくく気がつけば餌だけ取られていたということが多発する。ルアーフィッシングでは竿をよく動かすので、重いと腕が疲れてしまう。リールは千円台～数万円と幅広く、予算に合った納得できるリールを選びたい。

💬 ドラグを調整していても、強度が低いラインを使用していればドラグが出る前に切れてしまう。

❖ リールの各パーツの役割と性能の見方

各パーツの役割を知っておくと魚が掛かったときに焦らず操作ができる。

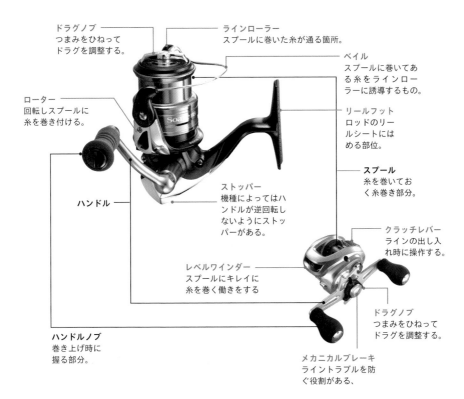

ドラグノブ
つまみをひねって
ドラグを調整する。

ラインローラー
スプールに巻いた糸が通る箇所。

ベイル
スプールに巻いてある糸をラインローラーに誘導するもの。

ローター
回転しスプールに糸を巻き付ける。

リールフット
ロッドのリールシートにはめる部位。

スプール
糸を巻いておく糸巻き部分。

ハンドル

ストッパー
機種によってはハンドルが逆回転しないようにストッパーがある。

クラッチレバー
ラインの出し入れ時に操作する。

レベルワインダー
スプールにキレイに糸を巻く働きをする。

ドラグノブ
つまみをひねってドラグを調整する。

ハンドルノブ
巻き上げ時に握る部分。

メカニカルブレーキ
ライントラブルを防ぐ役割がある、

箱に記載されている性能

※スピニングリールの場合

ギア比	6:1
糸巻量	ナイロン 3.5-170 PE1-500 フロロ 3-190
ドラグ力	最大5　実用3
標準自重	240g
ボールベアリング	6
ローラーベアリング	1

標準自重
糸を巻いていない時のリールの重さ。

ボールベアリング
スプールの軸を受ける部分などにある回転のためのボール。多いほど回転がスムーズになり糸が出やすい。多くても錆などメンテナンスは必要。

ローラーベアリング
スプールやハンドルが逆回転しないためのもの。

ドラグ
巻いている糸に負荷がかかると自動的に糸を少しずつ出す機能。最大ドラグが5kgなら、糸に5kgの力がかかった時から糸を出し始める。糸の出方はドラグノブで調整ができる。

ギア比
例えば「6:1」と表記されていたら、ハンドルを1回転すればローターが6回転するという意味。1回転に巻ける量が多ければ多いほど高速で巻けるということになる。

糸巻量
リールに巻く糸の太さによってスプールに巻ける量が異なる。例えば左のスペックならPE1号なら500mまで巻けるという意味。

💬 HG は1回転につき糸巻量が多いハイギア。XG はエクストラハイギア。SW はソルト専用という意味。

準備編

竿選びは釣り方によって
しなり方と感度をポイントにする

□ 竿は素材や作り方によって、硬さやしなり方の違いがある

□ 竿の構造によって感度の違いがある

□ 竿の感度がよければよいほど、アタリ（魚が餌を食べた振動）を見逃さない

素材の特徴と構造を知る

釣りたい魚が決まり、釣り方（餌かルアーか）が決まれば、リールが両軸かスピニングなのかを決まる。次はそれに対応する竿が必要になる。竿を選ぶ基準は、長さ、ルアーやオモリなどの負荷にどのくらいの耐久性があるか、素材や構造によるしなり方が判断材料だ。魚の食い方によって、竿の硬さやしなり方が重要になる。例えば竿が硬くしならず、使用するラインも伸縮性がな

ければ、魚が食っても弾いて魚が針からバレて（外れて）しまう。竿の素材はカーボン、グラスの2種類。カーボンは軽く反発力があり、感度がよい。グラスは粘りがありよくしなるため、引きが強い魚に対応できる。各素材の特性を生かして作られており、それらの含有率の違いが、竿のしなり方に変化をもたらす。針から糸、糸を通すガイド、竿先の感度の良さでアタリがわかり、餌を食い逃げされずに魚と針を掛ける（アワセ）ことができる。

❖ 竿のしなり方の違い

魚の食い方によって合う竿のしなり方が変わる。

③竿先、ガイドにアタリが響く

②ラインに衝撃が伝わる（アタリ）

①針に魚がかかった弱い衝撃がおこる

先調子、繊細な食いの時
魚が餌を食べる時におこる微細な振動も捉え、魚が針にかかった衝撃で魚が外れてしまうことも防ぎやすい。

③魚の負荷を竿全体で捉える

②ラインに衝撃が伝わる

①針に魚がかかった強い衝撃がおこる

胴調子、力強い食い方
ダイレクトに餌をパクっと食べる魚がかかる場合、竿の全体で柔らかく捉えてバラシを防ぐ。

　💬 ルアーフィッシングで細かいアクションをつける場合は先調子のものがやりやすい。

竿の特性の見方

竿に表記されている数値、竿のガイド、調子などの項目を知っておき、購入の参考にしよう。

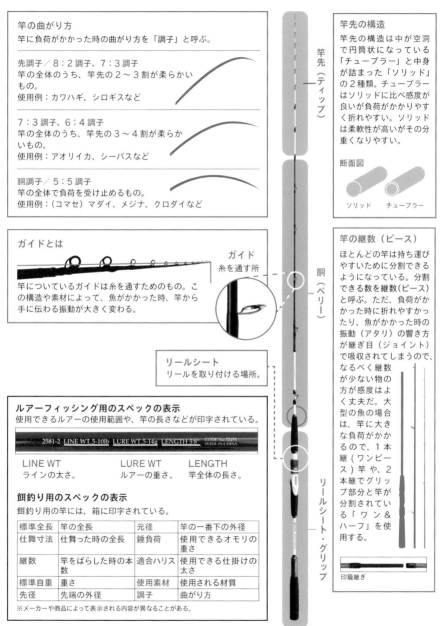

竿の曲がり方
竿に負荷がかかった時の曲がり方を「調子」と呼ぶ。

先調子／8：2調子、7：3調子
竿の全体のうち、竿先の2～3割が柔らかい
もの。
使用例：カワハギ、シロギスなど

7：3調子、6：4調子
竿の全体のうち、竿先の3～4割が柔らか
いもの。
使用例：アオリイカ、シーバスなど

胴調子／5：5調子
竿の全体で負荷を受け止めるもの。
使用例：(コマセ) マダイ、メジナ、クロダイなど

ガイドとは

ガイド
糸を通す所

竿についているガイドは糸を通すためのもの。この構造や素材によって、魚がかかった時、竿から手に伝わる振動が大きく変わる。

リールシート
リールを取り付ける場所。

ルアーフィッシング用のスペックの表示
使用できるルアーの使用範囲や、竿の長さなどが印字されている。

2581-2 LINE WT.5-10lb LURE WT.5-14g LENGTH 5'8" CODE No.32453 MADE IN CHINA.

LINE WT
ラインの太さ。

LURE WT
ルアーの重さ。

LENGTH
竿全体の長さ。

餌釣り用のスペックの表示
餌釣り用の竿には、箱に印字されている。

標準全長	竿の全長	元径	竿の一番下の外径
仕舞寸法	仕舞った時の全長	錘負荷	使用できるオモリの重さ
継数	竿をばらした時の本数	適合ハリス	使用できる仕掛けの太さ
標準自重	重さ	使用素材	使用される材質
先径	先端の外径	調子	曲がり方

※メーカーや商品によって表示される内容が異なることがある。

竿先の構造
竿先の構造は中が空洞で円筒状になっている「チューブラー」と中身が詰まった「ソリッド」の2種類。チューブラーはソリッドに比べ感度が良いが負荷がかかりやすく折れやすい。ソリッドは柔軟性が高いがその分重くなりやすい。

断面図

ソリッド　　チューブラー

竿先（ティップ）

胴（ベリー）

リールシート・グリップ

竿の継数（ピース）
ほとんどの竿は持ち運びやすいために分割できるようになっている。分割できる数を継数（ピース）と呼ぶ。ただ、負荷がかかった時に折れやすかったり、魚がかかった時の振動（アタリ）の響き方が継ぎ目（ジョイント）で吸収されてしまうので、なるべく継数が少ない物の方が感度はよく丈夫だ。大型の魚の場合は、竿に大きな負荷がかかるので、1本継（ワンピース）竿や、2本継でグリップ部分と竿が分割されている「ワン＆ハーフ」を使用する。

印籠継ぎ

LIGHT GAME CI4 Moderato TYPE73 H195（SHIMANO）

💬「振出ロッド」というコンパクトになるロッドもある。

準備編

素材と太さで感度や強度が変わる糸
仕掛けやルアーのつなぎ方も重要！

- □ 釣りの糸は複数の種類があり、それぞれに特徴がある事を知って選ぶ
- □ 糸の強度や感度で使い分けをできるようにする
- □ 糸の先に付ける仕掛けや釣具を知る

❖ 糸（ライン）の種類

餌釣りとルアーフィッシングでは、ラインの構成はそれぞれ異なる。基本的なラインの構成と名称を覚えておこう。

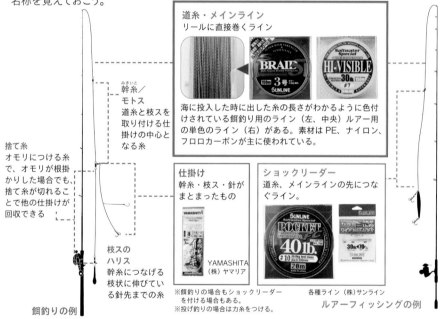

道糸・メインライン
リールに直接巻くライン

海に投入した時に出した糸の長さがわかるように色付けされている餌釣り用のライン（左、中央）ルアー用の単色のライン（右）がある。素材は PE、ナイロン、フロロカーボンが主に使われている。

幹糸／モトス
道糸と枝スを取り付ける仕掛けの中心となる糸

捨て糸
オモリにつける糸で、オモリが根掛かりした場合でも、捨て糸が切れることで他の仕掛けが回収できる

枝スのハリス
幹糸につなげる枝状に伸びている針先までの糸

餌釣りの例

仕掛け
幹糸・枝ス・針がまとまったもの

YAMASHITA（株）ヤマリア

ショックリーダー
道糸、メインラインの先につなぐライン。

※餌釣りの場合もショックリーダーを付ける場合もある。
※投げ釣りの場合は力糸をつける。

各種ライン（株）サンライン

ルアーフィッシングの例

❖ 糸（ライン）の特徴

使う糸はそれぞれの素材の特徴を活かして道糸やハリスなどの構成部分によって使い分ける。例えば、ハリスには早く沈み、直線的で絡みにくいフロロカーボンがよく使われる。PE ラインは擦れに弱いため、切れる恐れがある場合に擦れに強いラインのショックリーダーをつける。

	柔らかさ	比重	伸縮性	吸水性
ナイロン	柔らかい	軽い	よく伸びる	あり
フロロカーボン	硬く直線的	重く沈みやすい	ほどほどに伸びる	なし
PE	非常に柔らかい	軽く浮きやすい	ほとんど伸びない	なし

💬 PE ラインはどんどん進化して強度が高くなっている。

◈ PEラインの強度と感度

基本的にPEラインを道糸／メインラインに使用するが、ショックリーダーの糸は使用するPEの2倍の強度を目安に選ぶ。糸で表示されている単位には「号」と「lb（ポンド）」がある。号は糸の直径、lbは強度を示す。

強度の計算方法

$$号 × 4 = lb（ポンド）$$

糸の直径　　　強度（耐えられる重さ）

- 感度：糸の振動が竿に響く
  糸の感度の良さによって、竿に伝わる振動も変わる。

◈ 糸の先に付ける「仕掛け」

餌釣りで使用する、幹糸・枝ス・針などで構成される「仕掛け」は、魚種や地域によってパーツ構成が変わる（詳しくはChapter2の各釣り方に掲載）。パーツを組み合わせて作られているので、自作することもできる。

仕掛けセット
ハリスと針、それに関わる仕掛けのパーツが既に組んである状態で販売されている。強度もこれで判断する。

スペック表記
針の種類と号数、ハリスや枝スの素材とそれぞれの長さが記載されている。

◈ 仕掛けのパーツ

仕掛けに使われる主なパーツ類。

サルカン（ヨリモドシ／スイベル）
糸と糸を接続するための金属のパーツ。回転する部分があり、糸が絡みにくくなる。

タル型サルカン　　親子クレンサルカン

ウキ
仕掛けを海の中の一定の深さでキープするためのパーツ。

スナップ
オモリとラインなどを簡単に接続するための金属のパーツ。

ゴムヨリトリ・クッション
強い引きがあった時にショックを吸収して魚が針から外れることを防ぐ。

オモリ
狙う魚がいる深さまで、仕掛けを沈めるための主に鉛製のパーツ。形状は様々な種類がある。

ナス型　　丸型

テンビン
ハリスと糸が絡まないようにするもの。様々な形状と大きさがある。

◈ 糸とルアーをつなぐ場合

ルアーフィッシングの場合は、仕掛けの代わりにルアーを糸に結びつけるが、その際にスプリットリングやスナップを使用する場合がある（結び方はP.29参照）。

ルアーにつなぐ部品
ルアーフィッシングは状況に合わせてルアーをこまめに変更する必要があるため、ルアーと糸をスナップなどでつなげば、直接結ぶよりも交換時の手間が省ける。

ライン　　＋　　　例：メタルジグ　　　＋　　　フック
スナップ

📖 釣りの単位はややこしいが、単位計算はスマートフォンで換算アプリなどが出ているので活用しよう。

準備編
きちんとした糸の結び方が
釣果アップにつながる

- □ 道糸 − ハリス − 針それぞれは糸で結ばれている
- □ 全体の強度を保つには、きちんと結ぶことが必須
- □ 基本の結び方をマスターすれば、大半の釣りに通用する

◆ 糸を結ぶ位置

餌釣りでは仕掛けを作成したり、ラインシステムを組み立てるために、基本的には糸を結ぶ位置が4か所。ルアーの場合はだいたいがここでいう①と②の2か所が多い。

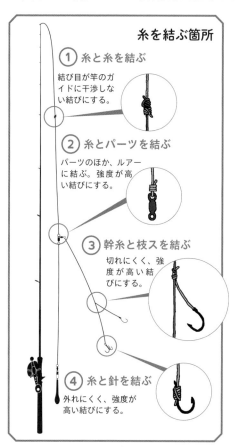

糸を結ぶ箇所

① 糸と糸を結ぶ
結び目が竿のガイドに干渉しない結びにする。

② 糸とパーツを結ぶ
パーツのほか、ルアーに結ぶ。強度が高い結びにする。

③ 幹糸と枝スを結ぶ
切れにくく、強度が高い結びにする。

④ 糸と針を結ぶ
外れにくく、強度が高い結びにする。

① 糸と糸を結ぶ

電車結び 餌釣り ルアーフィッシング

糸と糸の結び方の中では簡単で強度がある。

1
2本の糸を平行に重ねる。Bに輪を作り、Bの端糸を3回、AとBに巻き付け、引っ張り締める。

2
Aも同じように1の手順を繰り返す。

3
両方からゆっくり引っ張り、余計な部分をカットする。このとき糸を濡らすと、摩擦で劣化しない。

▶ 動画でチェック！
https://www.youtube.com/watch?v=eaYDsa_fWXU

💬 小さい針と糸と自動的に結ぶ「糸結び機」が販売されている。

② 糸とパーツを結ぶ

ユニノット 餌釣り ルアーフィッシング

シンプルで素早く結ぶことができ、強度がある。

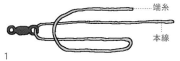

1
パーツの輪に糸を通し、端糸で輪を作って本線側にかける。

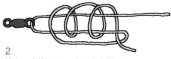

2
端糸で本線と1に3回巻き付ける。端糸の先端は1の輪を通った状態にする。

3
端糸をゆっくり締め込む。

4
パーツ側に結び目を移動させてさらに締める。余分な糸をカットする。

 CHECK!

https://www.youtube.com/
watch?v=wJkNDRW1Bh0

③ 糸と針を結ぶ

内掛け結び 餌釣り

短い糸でも結びやすく強度がある。

1
糸を針に添え、糸の本線に輪を作る。端糸は後で引っ張れる程度の長さでチモトの奥に垂らす。

2
端糸を輪にし、チモトから巻く。1巻きしたら指で押さえながら5回巻き付ける。

3
2を指で押さえて本線を引っ張る。

https://www.youtube.com/
watch?v=O_fNB8zkufU

4
最後まで締めずに止める。

5
本線がフトコロ側になるよう結び目をずらす。本線、端糸の両方で引っ張る。

6
端糸の余計な部分をカットして完成。

針の各部位の名称

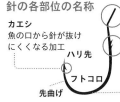

カエシ
魚の口から針が抜けにくくなる加工

ハリ先

フトコロ

先曲げ

チモト
ハリスを結びつける位置

ケン
取り付ける餌が抜けにくくなる役割

胴・軸

腰曲げ

---

④ 幹糸と枝スを結ぶ

https://www.youtube.com/watch?v=Bj6tkjgeN0Y

直結び 餌釣り

簡単で外れにくい定番の結び方。

2
幹糸と枝スを束ね、8の字に巻き付ける。

 CHECK!

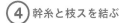

幹糸

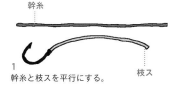

1
幹糸と枝スを平行にする。

枝ス

3
枝スの余計な部分をカットする。

💬 釣りの糸の結び方は種類が多いが、ここで紹介したものをマスターしておけば基本的にOK。

知識編

釣りの出発前には 天気予報をまめに確認する

□ 天気、風、波の予報を読み取れるようにしておく
□ 現地での会話で天候の情報を仕入れる
□ 知識を入れておき、危険性を想像しておく

天気予報のチェックは 釣り人の義務

釣りにおいて、天気予報のチェックは絶対に欠かせないもの。各自で前日・出発前に確認しておくのはもちろん、船釣りなら前日に船宿 (P.52) に電話で出船の有無を確認してもよいだろう。天気は釣果にも大いにかかわる。釣果を上げたいのならば、自分で天気予報を読み取れるようになっておきたい。

① 天気
海の中が薄暗くなる曇りがベスト。魚の捕食活動が盛んになり、釣果が上がる可能性が高いため。

② 風速・風向き
無風か風が弱い日がよい。風があると堤防からは投げ釣りがしにくく、船からはアタリが取りにくく操作しづらい。

③ 波高
波がない、または低い日がベスト。高波は堤防などで波をかぶる危険性が増し、船であれば出船中止になる。

④ 波の種類
ナギでは釣れない場合もある。また、波の種類に「うねり」があると危険度は高まる。

天気予報で確認するのは、①天気　②風速、風向き　③波の種類　④波高の4項目。細かく解説しよう。

ベストな条件は 曇り、波高 1.0m、風速 2m？

一般的に低気圧の日が釣りに向いているといわれている。プランクトンの活性が上がり、それを食べる小魚、小魚を食べる魚も連鎖的に活性化すると考えられるからだ。また、海中での視界が悪くなり、小魚が狙われやすくなるため活性が高くなる。しかし、魚種によって、曇りの日に釣れやすいもの、晴れの日に釣れやすいものがあるので、釣りたい魚の性質によって判断するべきだろう（魚種の解説は Chapter2 参照）。

波高とは、複数の地点の波を基準にし、

波の種類

風浪（風波）
風によってできる波。

うねり
遠い地域でできた風浪による海面の動き。

波浪
風の影響で海面に波がたった状態。

　天気予報は、インターネットで検索して見ることもでき、専用のアプリもある。

❖ 風波で釣行の判断をする

予報で波の高さが低くても、堤防ではうねりがあると高波となる。

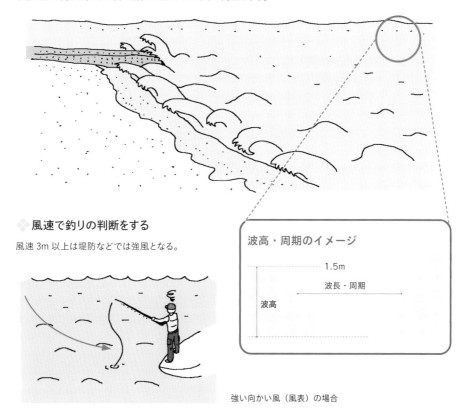

❖ 風速で釣りの判断をする

風速 3m 以上は堤防などでは強風となる。

波高・周期のイメージ

1.5m

波長・周期

波高

強い向かい風（風表）の場合

その波の底辺から頂点までの距離を平均して割り出した値。1.0m だと地域によっては少し波がある。波高のほか、周期や波の種類も総合的に判断すると、海の様子がイメージできる。たとえば波と波の頂点が来る間の時間のことを周期と呼ぶが、予報で波高が低くても、波に「うねりがある」とされている場合は要注意。周期が長いと岸近くでは高波が発生するおそれがあるからだ。天気予報の波情報には、「波周期」の項目があるのでチェックしておこう。

風速は「3m/s」などの数値で表示される。

「風速 3m」と聞くと耳なじみがよいだろう。このとき陸上は「顔に風を感じる。木の葉が動く。風見鶏も動きだす」。しかし海辺では、陸よりも海の気圧が高いことから陸に向かって強い風が吹く。したがって、風速 3m 以上になると危険度が増す可能性がある。ちなみに海からの風が吹く場所を風表、障害物などで風が当たらない場所を風裏と呼ぶ。風表は向かい風になり投げにくいのでビギナーのうちは避けたほうがよいが、季節によって風表・風裏それぞれに適した魚がいることを知っておこう。

知識編

回遊魚を狙う前に、まず海流の知識を押さえておこう

□ サバなどの回遊魚を狙うときは、回遊ルートを知っておく

□ 回遊魚は捕食のために移動している

□ 海流に乗って回遊している魚の背景を知れば捕食が想像しやすい

❖ 日本近海の海流

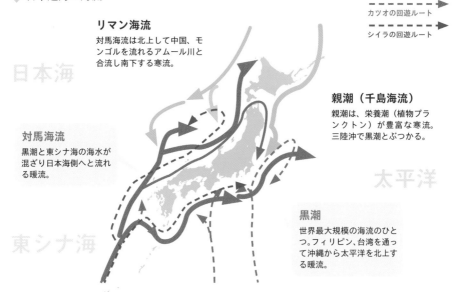

カツオの回遊ルート

シイラの回遊ルート

リマン海流
対馬海流は北上して中国、モンゴルを流れるアムール川と合流し南下する寒流。

日本海

親潮（千島海流）
親潮は、栄養潮（植物プランクトン）が豊富な寒流。三陸沖で黒潮とぶつかる。

対馬海流
黒潮と東シナ海の海水が混ざり日本海側へと流れる暖流。

太平洋

黒潮
世界最大規模の海流のひとつ。フィリピン、台湾を通って沖縄から太平洋を北上する暖流。

東シナ海

釣りの対象魚は海流と深く関係する

海流とは地球規模で起きている海の大きな流れのこと。日本近海の大きな海流は、黒潮、親潮、対馬海流、リマン海流の4つで、釣りで訪れるような近海にもその影響は色濃くある。

海流と直接関係するのはマグロ、カツオ、イナダ、サバ、アジ、シイラなどの回遊魚。近年、温暖化によってブームとなっている

相模湾のマグロ釣りは、この海流と大きく関わる。

回遊魚が移動する理由は、餌の魚を追うため。シイラを例に取ると、まず、水温が異なる潮流がぶつかり合うことで海の養分が撹拌され、植物プランクトンが大量に発生する。次にそれを食べる動物プランクトン。そしてシイラの餌となる小魚が、その動物プランクトンを求めて回遊、北上してくる。その小魚を求めてシイラも北上して

北太平洋の海洋循環模式図

世界の規模で考えると、回遊魚は実は大きな海流に影響されていることがわかる。

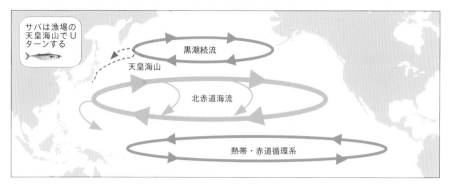

九州南西付近から放流したところ、アメリカ西海岸まで回遊した結果。●は周辺で回遊を繰り返した場所。大きい魚は太平洋を横断する。

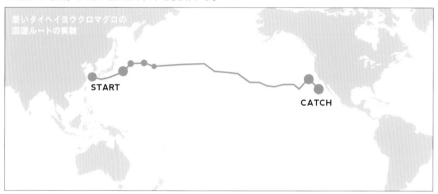

くるというわけだ。

こうした動きの大規模なものが、暖流の黒潮と寒流の親潮がぶつかる世界最大の漁場のひとつ、三陸沖だ。

回遊魚は海流に乗って餌を貪欲に食べる

江戸時代から、夏に釣れるカツオのうち、三陸沖に向かうものを「上りカツオ」、たっぷり太ってから南下してくる秋のカツオを「下りカツオ」といい、下りカツオは脂がのっており刺身向き。カツオはサバやイナダと同じ深さの層におり、なかでも上りカツオは成長中なので、食欲旺盛なサバと同じように向こうから貪欲に餌を食べてくる。そのため難しいテクニックはいらず、手軽に釣ることができる。

どのような状況で回遊して来ているのか、なぜ餌を食べたがるのかを想像することは、回遊魚を狙う上での大きな指標となる。

💬 背が青く回遊する魚を青物と呼ぶ。

「潮見表」で釣れやすい日、時間帯を把握しておこう

□ 潮見表（タイドグラフ）を読み取れるようにしておこう
□ 潮汐を理解すれば、海の状況が想像できる
□ 大きく潮が動いている時が魚がよく釣れる

釣りの必須情報「潮見表」は潮の動きを表したもの

潮の流れに逆行して泳ぐ時、魚は体やヒレをたくさん動かして体力が消耗し、食欲が活発になる。なので、「上げ潮」「下げ潮」（干潮から満潮に向かって動く潮を「上げ潮」、逆を「下げ潮」と呼ぶ）の差が大きくなる「大潮」時は、魚が活性化する。

潮の上げ始めを「上げ三分」、下げ始めを「下げ三分」と呼び、流れが強いこ

の時が一日で一番魚が釣れるとされている。こうした潮の流れを表したものが「潮見表（タイドグラフ）」なのだ。

水位と潮汐、潮の流れから釣りのベストタイミングを探る

海の水位の変動「潮汐」は、一日の中で変動するもの（満潮・干潮）と、約一ヶ月の月の満ち欠けで変動するものの2種類がある。前者は地球が一周することで月と海の距離が変動し、引力の差で潮が動くために起こるもの。後者は、月が地球との距離を縮める満月の時に、月の引

・潮見表（タイドグラフ）の見方

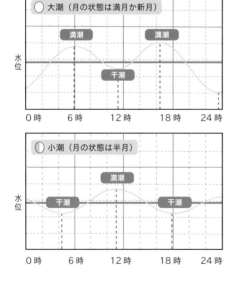

月と潮の関係

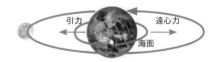

月の見方

💬 ほかにも小潮未満の「長潮」があり、小潮から長潮を超え、潮が大きくなっていく段階の「若潮」がある。

干潮の時

水位が下がって普段届かない場所に投げることができる。

干潮の場合の利点は、普段届かない場所まで届くようになること

満潮の時

水位が上がる分、魚が岸の方まで泳いで来る。

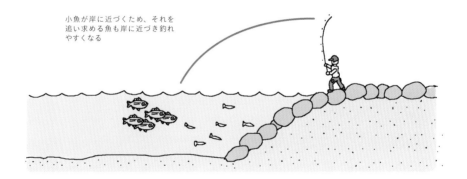

小魚が岸に近づくため、それを追い求める魚も岸に近づき釣れやすくなる

力が増すことで、地球の海面の水位が上がり、また、月が見えない地球の反対側も遠心力で引っ張られて水位が上がるために起こるもの（後者を「大潮」と呼ぶ）。

満月と新月の大潮の時は、水位の高低差が一番大きく、潮の流れが強くなる。魚は潮の流れと共に活性化するので、この日がよく魚が釣れる日とされている。

船釣りだけでなく、陸釣りでも潮の流れは重要。砂浜での投げ釣りは大潮の干潮時に大きく潮が引くので、普段届かない場所に仕掛けを投げることができ、好ポイントを探ることができる。逆に満潮時は、岸近くまで潮が満ちるので、遠投しなくても釣りをすることができる。

潮見表カレンダーで、その日の状況は把握できるが、場所によって満潮、干潮の時間がズレるので、インターネットで場所を指定して検索すれば、より正確な時間が分かる。

💬 根魚などは餌になる小魚が動き出せば影響があるが、潮の流れでは直接の影響を受けにくい。

海の生態系を知ることで浅い層と深い層での魚の動きが見えてくる

- □ 海面上に浮かぶものなどから、海中の動きを予測する
- □ 海中にはプランクトン、小型、中型、大型という、生態系のピラミッドがある
- □ 魚が棲んでいる場所の特性や、魚の餌の探し方の違いにも注意する

表層で泳ぎ回る魚たち

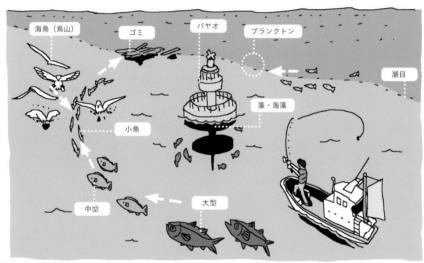

生態系を知ると釣りやすくなる。生態系は海の表層を見ても感じることができる。

魚以外のものも見過ごさずに観察する

私たちが直接見ることができる海の表層には、海面の色の違いや海流がぶつかりあってできる潮目、流木などの漂流物、人間が設置したパヤオ（浮魚礁）など様々な要素がある。これらに注目することで、海中の動きが予想できる。潮目ではプランクトンが多く発生し、漂流物には海藻が生え、それを食べに小魚が集まる。藻や海藻が

生え、貝や虫が棲むようになるパヤオには、稚魚や小魚が群れ、それらを狙う中型魚も集まってくる。このように、海の中ではプランクトンや海藻、小型や中型、大型の魚で作られる生態系のピラミッドが存在している。

海面から読み取れる魚や鳥の行動をチェックする

海上から観察できるものにはほかに、表層を泳いだり海面をハネる小魚、海面を飛

❖ 海藻や、岩がある海底の状況

岩場に隠れて餌が上を通るのを気にかけている

根に隠れてジッと餌が通るのを待っている

海の底のパターンはいろいろ。例えばメバルやカサゴは岩場や根について身を隠したり拠り所として餌を獲る。

❖ 砂地の海底の状況

底に棲む海の虫を捕食するため海底ギリギリを泳いでいる

身体を砂に隠し、顔だけ出して襲える小魚を狙っている

襲いかかれるくらいの高さで泳いでいる小魚を狙っている

砂地は砂の中にいる虫を食べる底魚や、砂そのものに身を隠して底魚を狙う魚などがいる。

ぶ鳥がある。多くの中型の魚の餌になる小魚は、捕食者に追われて海の表層に逃げてくる。そして海上でハネることで「ナブラ」と呼ばれるさざ波（※）を立てる。このナブラを狙って鳥が集まることを「鳥山」と呼ぶ。

表層だけでなく見えない層も想像してみよう

海底には表層とはまた違う動きがある。岩には海藻が付着しているので、ここに身を隠し、小エビなどを食べる為に小魚が群がってくる。メバル、カサゴなどは同じ岩場（根）に隠れつつ、頭上や岩に隠れている小魚を餌にする。これらの魚を「根魚（ねざかな）」と呼ぶ。

海底の砂場では、シロギス、カワハギ、ベラなどが回遊しながら、砂の中の虫や貝を食べている。中でもベラは、砂の中で寝たり、潜んだりして、小魚を狙う場合もある。ヒラメなども同じく砂の中に潜んで小魚を狙う。これらの魚を「底魚（そこうお）」と呼ぶ。

14
LEVEL
★☆☆☆☆

釣れない時の原因が海にある場合は、場所を移動する

□ 二枚潮の場合は糸がたわまないようにオモリを大きくする
□ 変わりやすい状況に備え、仕掛けやルアーの種類は多めに持っていく
□ 赤潮、青潮、高すぎる透明度の時は船長の指示に従って移動する

❖ 二枚潮の発生

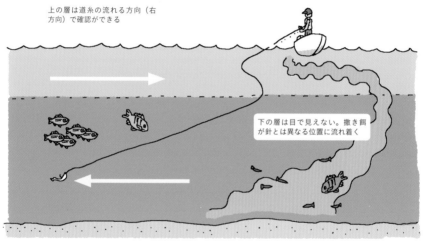

上の層は道糸の流れる方向（右方向）で確認ができる

下の層は目で見えない。撒き餌が針とは異なる位置に流れ着く

上の層と下の層の潮の流れが異なると、撒いた餌と針がうまく同調しなかったりして釣れにくい。

釣りにくい二枚潮と水潮で魚がいない場合

船釣りなどで、深場にいる魚を狙う場合、仕掛けやルアーに違和感を覚えたら、二枚潮が考えられる。二枚潮とは、潮の流れが上層と下層で異なること。この場合、仕掛け（オモリ）やルアーのコントロールが難しいので、仕掛け（オモリ）を重くしたり、ルアーもウエイトのあるものに交換する。

大雨が降ったあとなどは、雨と河口から流れ込む水で、塩分濃度が低くなる（これを水潮と呼ぶ）。すると、魚は通常の濃度のところに移動してしまう。このような日はイメージした通りに釣りをするのが難しい。

透明度や海の色を観察する

天気がよく海の透明度が高いと魚の姿もよく見え、釣れそうな感じがするが、実は魚にとっては危険な状況。姿が丸見えに

💬 塩分濃度に弱いイカやタコは影響を受けやすい。

❖ 青潮の発生

海の色への影響
強風などが吹くと、表層の海水が沖へ流される。沈殿していた死骸が溜まった固まりが表層へ浮き上がり乳白色になる。

生物への影響
沈殿した死骸をバクテリアが分解し、海中の酸素が大量に消費され酸素濃度が低くなり、魚が弱ったり死んだりする。

植物プランクトンの大量発生したものが死んで海底に沈殿する。

栄養が多過ぎて大量発生したプランクトンが死んで海底に沈むと、バクテリアが分解するために酸素を大量に使い、海中の酸素が減ってしまう。その状態になると海中の成分にある硫黄が分散されて白っぽくなる。

❖ 赤潮と魚の関係

生物への影響
植物プランクトンが酸素を大量に消費したり、毒素を出して魚が逃げる。

海の色への影響
大量発生した植物プランクトンの色によって海の色が赤くなる。

植物プランクトンの必要とする栄養素が多過ぎて大量発生する。

プランクトンの餌が多過ぎて異常に増殖してしまうと、海中の酸素が減り、魚が弱る。

なることで危険を感じ、警戒心が強くなる。そのため、捕食活動をあまりしない場合が多い。

　海の色が赤い場合を赤潮と呼ぶ。赤潮は大量の珪藻やプランクトンが死んで、分解する為に酸欠状態になっていることを指す。また青潮と呼ばれる現象もあり、これは、海水に含まれる硫黄がコロイド化し白濁化することで、海が薄い青色になることを指す。硫化水素を多く含むため、酸欠状

態で魚は生きることができなくなる。

　赤潮の場合は範囲が狭く水深によっては、酸欠が改善され、釣れる場合もあるので全く釣りに向かないとは一概にはいえない。しかし、青潮の場合は、突然起こるものではなく広範囲にわたるため、釣りは避けた方が賢明だ。青潮が発生しているかどうかは、地域の水道局のホームページなどから確認することができる。

💬 赤潮の正体は夜光虫。昼間は赤いが、海で海水を刺激すると青く光る。

知識編

人工物によっても
潮の流れや波が生じる

□ 潮の動きを障害物や変化があるものから想像できるようにする
□ 淡水の河川でも水流が堤防や橋などの影響を受ける
□ 淡水と海水が混じる運河や河川がある

◆ 堤防と潮の流れ

堤防では、人工物によって複雑な潮の流れがある。

潮の流れがゆるやかなエリア
メジナ、カワハギ、クロダイ
など

中央
波の影響で入りこんだサ
バ、アジなど

比較的潮の流れがあるエリア
クロダイ、サバ、カツオなど

許可されている堤防で
も、船があるところで
は釣りは禁止

ゆるやかで藻が多いエリア
メバルなど

外洋に向かったエリア
アオリイカ、タチウオ

※釣りが許可された堤防の場合

人工物によって
潮流・波が生まれる

　ここまで見てきたように、海には潮の流れや波が常に生じているが、岸に近くなると、少し様子が異なる。堤防があるからだ。堤防の内側では、コンクリートに付着して生育する海藻や微生物を食べに、小魚や稚魚が成育している。
　釣りをするなら、一番沖に近い、堤防の先などがよく釣れるとされる。様々な

方向に流れていた潮が混じり合い、プランクトンが発生しやすくなる。するとそれを目当てに集まる小魚、小魚を目当てにする魚たちが集まってくる。アジやサバなども堤防の内側に入ってくることもある。

淡水 × 海水でも
釣りはできる

　淡水の河川が流れ込む場所でも海の魚は釣れる。淡水と海水が混じってもプラン

　場所によっては、条例で釣りが禁止されている。釣りをする時には地域の情報収集をしよう。

❖ 河川

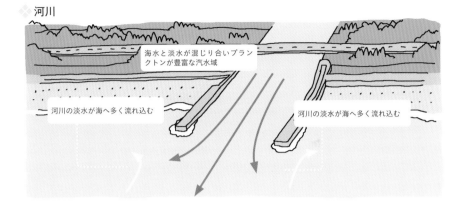

海水と淡水が混じり合いプランクトンが豊富な汽水域

河川の淡水が海へ多く流れ込む

河川の淡水が海へ多く流れ込む

❖ そのほか

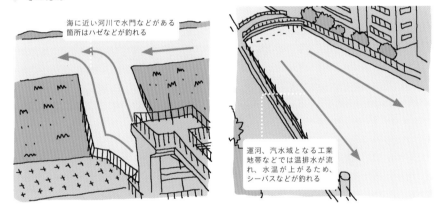

海に近い河川で水門などがある箇所はハゼなどが釣れる

運河、汽水域となる工業地帯などでは温排水が流れ、水温が上がるため、シーバスなどが釣れる

クトンが生じるので、魚が寄ってきやすいのだ。地域によるが、例えばサーフであればヒラメ、シーバスなどが代表的。ちなみにこの淡水と海水が混じった塩分の少ない水のことを汽水といい、汽水が占めるエリアのことを、汽水域という。

汽水の運河なら シーバスが狙える

工業用・家庭用のきれいに舗装された

運河でも、海に近いなどの理由で海水が入り混じった汽水である可能性が高く、ハゼやシーバスが棲みつくことがある。狙ってみるのもよいだろう。ただし、運河は工業地帯や住宅街、生活道路沿いである場合が多いので、釣りをする際にはいつも以上にマナーに気を付けたい。

💬 ゴミは必ず持ち帰り、餌で汚したら水汲みバケツで流してきれいにするなどマナーは必ず守ること。

餌の捕食方法を知ると魚への誘い方がイメージしやすくなる

- □ 釣りをするその日に魚が何を食べているかを予想する
- □ 釣りたい魚の捕食方法を知ることで誘い方をイメージできる
- □ 釣行前に魚の捕食シーンなどを観てイメージしておく

「餌の食べ方」＝「捕食の仕方」は3種類のパターンがある

　魚の捕食の仕方はすべて同じではない。魚には、餌が魚の場合は吸い込んで食べる習性がある。ちなみにこのとき、魚にはウロコがあるため、食べやすいように頭から食べることが多い。噛みつくタイプ、くわえてすぐに体を反転して逃げ去るタイプなども代表的な捕食の方法だ。そのほか、かじりつくタイプ、くわえてから弱るまでしばらく離さないタイプなどあるが、主な3パターンについては詳しい特徴・魚種などを右にまとめたので、確認しておこう。

　魚がどのようにして餌を食べているのかを知っておくと、仕掛けやルアーでの誘い方を自然と導き出せる。メジャーな魚は動画共有サイトなどに捕食シーンが投稿されているので、あらかじめチェックしておくとよいだろう。

ルアーフィッシングではその日、食べたものを調べる

　ルアーフィッシングでは捕食の仕方というよりも、魚が実際に食べているものが何なのかを知る必要がある。季節や海の様子によって予想することもできるが、最も確実なのは、釣れた魚の胃の中を調べること。最初に釣れた魚の腹をナイフで開いてみよ

う。食べたものに近い形のルアーを選ぶとよい。このように、食べているものに見合った色やサイズのルアーを選ぶことを、マッチ・ザ・ベイトと呼ぶ。ルアーフィッシングでは、マッチ・ザ・ベイトをベースにして、天候や海の濁り、波の様子でルアーのカラーなどを決めることで、ルアーの誘い方を工夫する。また、微妙なアタリがあった場合にはどのような状況かイメージして、アワセる（ルアーフィッシングではフッキングと呼ぶ）べきか、向こうアワセにするかを判断する。

釣ったシイラの胃袋に入っていたカタクチイワシ（上）。使ったルアーはイワシを模したナチュラルカラー（下）で、これがマッチ・ザ・ベイトの状況。

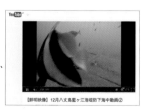

動画チェックは、釣り方を知ることと同じくらい重要だ。

◆ 魚の捕食パターン

魚は餌を捕食する際に主に3パターンの襲い方がある。

吸い込みタイプ

魚の基本的な捕食方法。口を大きく開いて海水と同時に吸い込む。小魚だけでなく、甲殻類、多毛類、砂地から吸い込んでくわえる。

代表的な魚

スズキ（シーバス）▶P.128

メバル▶P.78

アマダイ▶P.142

シロギス▶P.94

アジ▶P.100

ハゼ▶P.56

イサキ▶P.124

カワハギ▶P.88

反転タイプ

獲物がいたら素早く捕食し、体をひねらせ方向転換する。

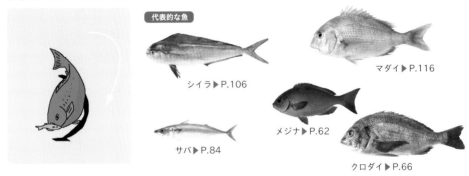

代表的な魚

シイラ▶P.106

マダイ▶P.116

サバ▶P.84

メジナ▶P.62

クロダイ▶P.66

噛みつきタイプ

噛みついて弱らせ、くわえなおして飲み込む。

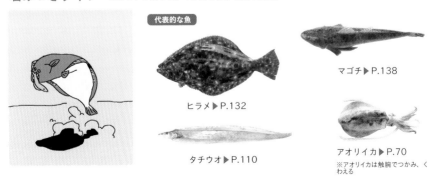

代表的な魚

ヒラメ▶P.132

マゴチ▶P.138

タチウオ▶P.110

アオリイカ▶P.70
※アオリイカは触腕でつかみ、くわえる

💬 水族館に行った時は、魚の泳ぎ方や餌の食べ方をチェックしてみよう。

知識編

魚のからだの仕組みを知って釣果アップにつなげる

- □ 魚種によって、シルエットや内臓の役割が異なる
- □ 尾ビレの形によって推進力が変わる
- □ 内臓や骨も食べられる魚種がある

◈ 魚の内臓の構造

※ここではアジの内臓で解説する。

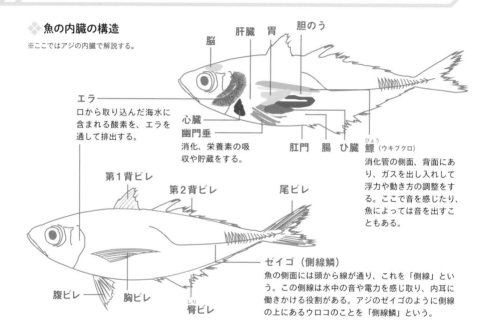

脳

肝臓

胃

胆のう

エラ
口から取り込んだ海水に含まれる酸素を、エラを通して排出する。

心臓
幽門垂
消化、栄養素の吸収や貯蔵をする。

肛門 腸 ひ臓

鰾(ひょう)（ウキブクロ）
消化管の側面、背面にあり、ガスを出し入れして浮力や動き方の調整をする。ここで音を感じたり、魚によっては音を出すこともある。

第1背ビレ

第2背ビレ

尾ビレ

腹ビレ

胸ビレ

臀ビレ(しり)

ゼイゴ（側線鱗）
魚の側面には頭から線が通り、これを「側線」という。この側線は水中の音や電力を感じ取り、内耳に働きかける役割がある。アジのゼイゴのように側線の上にあるウロコのことを「側線鱗」という。

魚の内臓や構造を知って釣りに生かす

魚の構造は知らなくても釣りはできる。しかし、きちんと知っておくと海の中でどのように生きているかイメージがしやすくなり、釣果につながる。

釣ったあとの調理の際にも魚によっては肝や白子、卵などを美味しく食べられるが、知識がないと捨ててしまう可能性がある。カワハギなどは「にが玉」を潰して肝を台

無しにしてしまうことも (P.151)。

魚が音を感じるのは耳だけではない

釣りには「見せて誘う釣り」と「音で誘う釣り」がある。例えばポッパー（P.21）という種類のルアーは音で誘うためのアイテム。

魚の耳は頭の中にあり、内耳と呼ばれる。体表にある側線でも感じ取る魚種や、ウキブクロを通して音を内耳に伝える魚種もある。

釣り魚のイシモチの内臓のウキブクロを乾燥させたものは中華料理の珍味。スープに使う。

Check! 生態によって形が異なる部位

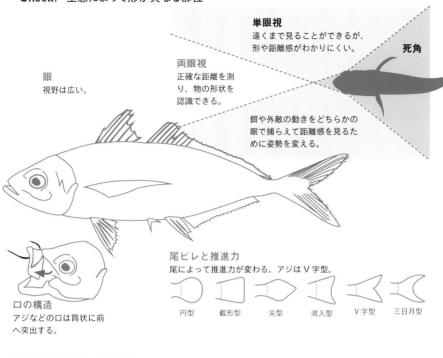

眼
視野は広い。

両眼視
正確な距離を測り、物の形状を認識できる。

単眼視
遠くまで見ることができるが、形や距離感がわかりにくい。

死角

餌や外敵の動きをどちらかの眼で捕らえて距離感を見るために姿勢を変える。

口の構造
アジなどの口は筒状に前へ突出する。

尾ビレと推進力
尾によって推進力が変わる。アジはV字型。

円型　截形型　尖型　湾入型　V字型　三日月型

魚の形と回遊スタイルの違い
アジは、図の黄色い部分が左右に動き、推進する。

アジの骨格

アジ型
尾ビレと体の後半部を使用して泳ぐ

ウナギ型
尾ビレだけでなく、体全体をくねらせて泳ぐ

ハコフグ型
尾ビレだけを動かして泳ぐ

魚の回遊スタイルによって尾や内臓の形が変わる

　魚は、その生態や棲息域に合わせて様々な姿に進化している。尾ビレひとつ見ても、回遊魚のマグロやカツオは三日月型で推進力が高い。特に、生涯ずっと泳ぎ続けるマグロは鋭い形をしている。ヒラメやカサゴなどの底・根魚は対照的で、推進力を必要としていないため、截形型をしている。
　ウキブクロも生態によって違いが見られ

る。例えば、マグロなどの回遊魚は退化し、わずかしかない。対して底魚のイシモチやアマダイなどのウキブクロは、水圧に対応して発達している。このような魚を釣り上げると、水圧の変化で体内にあったウキブクロが口から出てしまうことがある。ちなみに深海魚の場合、ウキブクロはガスではなく脂が詰まり、「沈むための袋」という役割になる。船で深海魚が釣れると口から脂が出て滑りやすくなるので注意しよう。

💬 ボラの雌の卵巣は塩漬けし乾燥させて高級食材のカラスミとなる。

18
LEVEL
★☆☆☆☆

知識編

潮の動きを理解して
座席を選ぶと釣果に差が出る

□ ビギナーは胴の間がおすすめだがオマツリに注意

□ 中級〜上級者にはトモが有利

□ ルアーフィッシングではミヨシが投げやすく釣りやすい

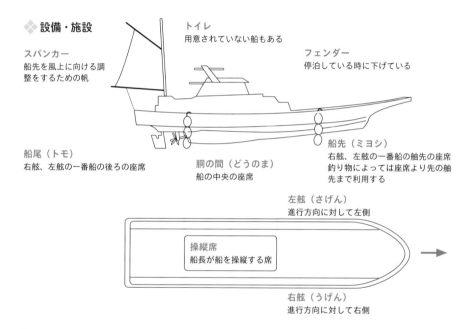

❖設備・施設

トイレ
用意されていない船もある

スパンカー
船先を風上に向ける調整をするための帆

フェンダー
停泊している時に下げている

船尾（トモ）
右舷、左舷の一番船の後ろの座席

胴の間（どうのま）
船の中央の座席

船先（ミヨシ）
右舷、左舷の一番船の舳先の座席
釣り物によっては座席より先の舳先まで利用する

左舷（さげん）
進行方向に対して左側

操縦席
船長が船を操縦する席

右舷（うげん）
進行方向に対して右側

釣りの方法によって
有利な座席がある

　船釣りでは座席（＝釣り座）も釣果に関係する。釣り座は船の先端「ミヨシ」、一番後ろの「トモ」、その間の「胴の間」に分けられる。「ミヨシ」の語源は「水押し」という船首部分の材料で、その名の通り、水を切る役目を果たしていた。

　座る位置は技量や環境によって変えた方がよいが、釣果にも影響があると考えら

れる。例えば、船首は風上に向くよう操船される。コマセ釣りで、風と潮がミヨシからトモの方に向かって流れている場合は当然、撒き餌も同時にトモの方に流れる（P.47上の図）。魚は基本的に潮の流れに対抗して泳ぐため、ミヨシよりもトモに座る方が釣りやすいといえる。ただし、風向きは変わりやすく、潮の流れも潮汐の上げ下げに影響を受けることを頭に入れておこう。

　ルアーフィッシングの場合は、ミヨシの方

　高波や船が高速で移動中、水しぶきを受ける場合は荷物などは船内に移動するとよい。

❖ 船と潮の流れと魚の動き

ポイントに着いたら、船は風上にミヨシ側を向けて留まる。その際、潮の流れと風の向きが同じであるトモ側が有利となる。

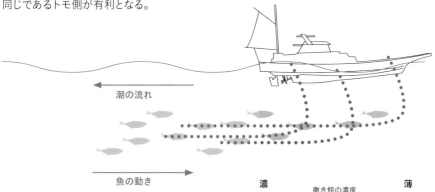

潮の流れ

魚の動き

濃　　撒き餌の濃度　　薄

❖ 海中の糸の様子とオマツリをしやすい座席

海の中ではラインがこのように下りている。ビギナーにおすすめの胴の間（**B**）だが、オマツリをしやすいのがデメリット。

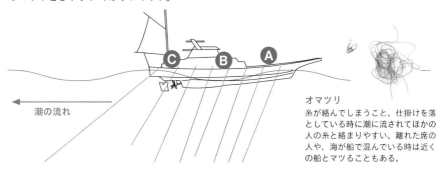

潮の流れ

オマツリ
糸が絡んでしまうこと。仕掛けを落としている時に潮に流されてほかの人の糸と絡まりやすい。離れた席の人や、海が船で混んでいる時は近くの船とマツることもある。

が投げやすく釣りやすい。

┃ ビギナーは胴の間がおすすめ
┃ ただしオマツリに注意

　ビギナーは操縦席が近い「胴の間」を選んでおけば、困った時に船長やスタッフに声をかけやすく安心だ。

　ただし混雑時は隣の座席の人との距離が近くなるため、潮の流れが速い時や、よく泳ぐサバやカツオなどを釣った場合は、すぐに取り込まないと周囲を巻き込んだ"オマツリ"をしてしまうことも。オマツリが多発する場合はオモリを少し重くして仕掛けを早く沈下させ、糸のふらつきを抑えよう。また、糸をほどく時に手元を見るため、船酔いになる可能性もある。簡単にほどけないようだったら、船長に手伝ってもらおう。また、座席は申込順や予約順かを事前に確認しよう。船宿に到着して、自分のレベルやその日の環境に合った席を選ぼう。

用語・餌釣り編

釣りの言葉を覚えて、さらに自分の技術を高めよう!

- □ 餌釣りとルアーフィッシングでは使う言葉が異なる
- □ 用語を覚えておけば、実際の釣りや道具選びに非常に役立つ
- □ 釣りの仲間や専門家とスムーズに会話をすることができる

◈ 釣りは言葉も大事

いざ船に乗ったものの船長の言葉が分からなくて右往左往……。釣具店に行っても何を選んでいいのか全く分からない……。そんなことがないようにこれだけは覚えておきたい用語集。

アタリ
魚が針に食い付いたときに、ウキや竿先に振動などの反応が現れること。魚信ともいう。

アワセ
アタリがあったときに、竿を動かし、魚の口に針をかけること。フッキングともいう。

イソメ
船釣りや投げ釣りで使われる餌のひとつ。青イソメや岩イソメなどの種類がある。

糸ふけ
オモリが着底して道糸がたるんだり、風や潮のせいで道糸が流されたりする状態。

ウキ下
ウキから針までの部分、もしくはその長さのこと。狙う魚によってウキ下を調節する。

追い食い
複数の針の仕掛けに一尾魚が掛かった後、仕掛けを上げず他の針にも掛けさせること。

オマツリ
他人と自分の仕掛けが絡むこと。自分で自分の仕掛けを絡めることを手前マツリという。

カケアガリ
海底や湖底などが、深場から浅場に向かい斜面になっている地形のこと。

食い渋り
魚がいるのに餌を食べず、釣れない状況のこと。低水温や潮が動かないときに多い。

外道
例えばカレイを狙っていて釣れるキスやスズキのように、本命以外の魚のことを指す。

ケミホタル
アタリを見るため竿先やウキに取り付ける化学発光体。集魚目的で使われることもある。

コマセワーク
魚を集めるための寄せ餌、マキエを撒くこと。そのやり方で釣果が大きく変わる。

誘い
竿を上下させることで仕掛けを動かし、魚に餌をアピールする動作のこと。

サビキ
擬似針が何本も付いた仕掛け。擬似餌針は魚の皮やビニールなどを針に巻いてある。

捨て糸
オモリにつける糸。根掛かりしたときにこの糸が切れることで仕掛け自体が回収できる。

底立ち
仕掛けを底に到達させること。とくに船釣りでは、この底立ちをマメに行うことが重要。

タナ
魚が泳ぐ層のこと。タナは一定なものではなく、その日の状況や魚種によって変わる。

高切れ
ハリスではなくて、道糸が切れてしまうこと。ウキなどもなくすので損失が大きい。

多点掛け
たてんがけ

複数の針を持つ仕掛けに、同時に何尾もの魚を食わせること。追い食いと似た言葉。

釣果
ちょうか

釣った魚の大きさや量などの成果のこと。ちなみに10尾以上釣るのは「つ抜け」という。

チョン掛け
がけ

針先にちょこっとエサを付けること。サバの短冊やイソメなどはこの付け方が多い。

手返し
てがえし

魚が釣れてそれを外し、再度餌を付け、仕掛けをポイントに投入する一連の動作。

テグス

釣り糸のこと。天蚕糸と書く。主にナイロン、フロロカーボン、PEの3種類がある。

取り込み
とこみ

掛かった魚を手元まで手繰り寄せる動作のこと。取り込みにはタモなどの網を使う。

根
ね

海底が隆起した岩礁になっている所のこと。根は魚が好んで居つく好ポイントになる。

根掛かり
ねがかり

水の中の岩礁や障害物に針や仕掛けが引っ掛かること。これが多い場所には大物が多い。

根魚
ねざかな

岩礁帯の根に生息している魚のこと。根魚にはカサゴ、メバル、アイナメなどがいる。

のっ込み
こ

魚が産卵の目的で、群れで深場から浅場に寄ってくること。この時期は魚が釣れやすい。

早アワセ
はや

アタリに対してすぐにアワセを行うこと。これが早すぎると魚を取り逃がす場合がある。

バラシ

針に掛かった魚を、途中で糸が切れたり針が外れたりして取り逃がしてしまうこと。

ハリス

針に直接結んである糸のこと。できるだけ細いハリスを用いた方が良いとされている。

ヒロ

左右に両手を広げたときの長さを目安にした単位のことで、1ヒロは約1.5mになる。

ブッコミ

比較的重めのオモリを使って仕掛けを投げアタリを待つ釣り。投げ釣りの一種。

ベタなぎ

風や波が全くない、静かな海面の状態を指す。時間帯により朝なぎ、夕なぎと呼ぶ。

ポイント

魚が釣れる場所のこと。かけ上がりや根の周りなど、変化がある所が好ポイントになる。

穂先
ほさき

竿の最先端部分のこと。比較的折れやすく、移動時は穂先カバーなどを付けるとよい。

巻き合わせ
まあ

アタリを感じたら、リールをすぐに巻いてアワセること。

撒き餌
まきえ

付け餌とは別に、魚を寄せるため、仕掛けの周りに撒く餌。主に磯釣りなどで使う。

マヅメ

日の出前後や日の入り前後の時間帯のこと。この時間帯は魚の活性が上がることが多い。

幹糸
みきいと

主にオモリを一番下に付ける胴突き仕掛けでオモリと道糸の間の幹となる糸のこと。

道糸
みちいと

リールと仕掛けを結ぶ糸。強度が高いものが求められ、釣り方によって太さが変わる。

向こうアワセ
む

釣り人がアワセをしなくても、魚が自らハリ掛かりしてしまうことをいう。

寄せる
よ

掛かった魚を取り込むため引き寄せること。または撒き餌などで魚を近くに集めること。

ヨブ

主に潮の流れによってできる砂泥底の起伏のこと。キスなどはここに居つくことが多い。

ヨリモドシ

糸と糸を連結するための小型連結器具。回転するため絡みにくい。スイベルとも呼ぶ。

💬 次ページのルアーフィッシングは輸入された釣りなので、ほとんど英語が元となっている。

20

LEVEL
★★★☆☆

ルアー用語を学んで、
釣りの世界をさらに広げよう！

- □ ルアー用語を学ぶことは「攻略法」をマスターするのにぜひとも必要
- □ 言葉を学ぶことでさらに釣りに対する知識が深まる
- □ タックル（道具）選びが上手になる

◈ 新しい世界が広がる

水中に落ちた食器のスプーンに魚が食い付いた——。これがルアーの起源と呼ばれています。餌釣りとは全く別の歴史を持つルアーの世界。その言葉もぜひ学んでおきたいもの。

アクション
ロッド（竿）やリールを操作し、ルアーを動かす動作。またはロッドの調子のこと。

キャスト
ロッドを使ってルアーや仕掛けを投げ込むこと。キャスティングともいう。

ゴロタ石
人がやっと持てるくらいの丸い石のこと。こうした石が沢山ある場所はゴロタ場と呼ぶ。

サミング
ベイトリールを使いキャストするとき、糸巻部を指で押さえ糸の放出量を調節すること。

ジグ
鉛などの金属で作られたルアー。1gから500gまで様々な重さのものがある。

ジャーク
ルアーアクションのひとつで、ロッドを大きくあおり、ルアーを動かすこと。

シャロー
水深が1〜2mぐらいの浅い場所のこと。また干潮で浅くなった場所もシャローと呼ぶ。

ショートバイト
小さなアタリのこと。魚の食いが浅くて針掛かりしづらい状態を指す。

シンカー
主にルアー釣りで使われる言葉で、ルアーを狙った層に沈めるオモリのこと。

スイベル
ルアーと道糸を接続する金具。糸のよれを解消してくれる。

ストップアンドゴー
ルアーを引くときのテクニックのひとつ。巻いては止めを繰り返してルアーを動かす。

ストラクチャー
魚が隠れることができる障害物のこと。倒木や杭、岩、防波堤など様々なものがある。

スポーニング
魚の産卵のこと。産卵前をプリスポーン、産卵後をアフタースポーンと呼ぶ。

スローピッチ
通常よりゆっくりとリールを巻き、ジグなどのルアーにアクションを与えること。

チェイス
カーチェイスの「チェイス」と同じで、魚がルアーを追いかけること。

ディープ
シャローの反対語で水深の深い場所を指す。ディープは比較的、水温が安定している。

ティップ
ロッドの先端部分のこと。穂先。これに対しロッドの握り、グリップ上をバットと呼ぶ。

テンション
ライン（糸）の張り具合。ラインを張った状態にすることをテンションをかけるという。

　💬 同じ内容でも、餌とルアーでは使われる単語が違う。

トゥイッチ
「チョン、チョン」と小刻みにロッドを動かす動作。ルアーに不規則な動きを与える。

トップ
水面のこと。また水面を泳ぐルアーのことをトップウォータープラグと呼ぶ。

バイト
魚がルアーに食い付いた状態。つまり「アタリ」のこと。「バイトがあった」などと使う。

ヒット
魚がフックに掛かること、つまり釣れること。他にはフィッシュオンといういい方も。

ファイト
魚がヒットしてから釣り上げるまでのやりとり。または魚の引きそのものを指す。

フォール
ルアーが落ちて行くことを指す。ルアーアクションのひとつで、フォーリングともいう。

フッキング
魚の口の部分にフック（針）が刺さること。アワセを行うことでフッキングができる。

フック
釣り針のこと。1本針をシングルフック、2本針をダブルフックと呼ぶ。

プラグ
木かプラスティックでできたルアーの総称。狙う水深によって様々な種類がある。

プレッシャー
主に釣り人が原因で、魚の警戒心が高まることを指す。プレッシャーが高いなどと使う。

ベイト
いわゆる魚の餌になる生き物のこと。とくに小魚のことをベイトフィッシュと呼ぶ。

ポーズ
休止の意味で、引いていたルアーを急に止めること。魚に食い付かせる狙いがある。

ボトム
水の底、もしくは底に近い場所。ディープと似た言葉だが、ディープは深いときのみ使う。

ボトムレンジ
海の中の一番低い層のこと。

ラインブレイク
ラインが切れてしまうこと。糸の結びが甘かったりラインい傷があると切れやすい。

ランガン
釣り場を次々と移動しルアーをキャストしてポイントを探すこと。正式にはラン＆ガン。

ランディング
釣った魚を取り込むこと。また網を使って取り込むことをネットランディングという。

リアクションバイト
不規則な動きをさせて活性がない魚を反射的に魚にルアーをバイトするようにすること。

リーリング
リールで糸を巻く動作のこと。またそれにより、ルアーの動きに変化を与えること。

リグ
いわゆる仕掛けのこと。ダウンショットリグ、テキサスリグなどさまざまな種類がある

リトリーブ
リールを巻きルアーを引くこと。魚が掛かって引き寄せるのはリトリーブと呼ばない。

リリース
釣った魚を海や川に戻すこと。キャッチ＆リリースともいう。ルアー釣りでよく行われる。

レンジ
水深、つまり深さを表す言葉。上層はシャローレンジ、下層はディープレンジと呼ぶ。

ローリング
リトリーブしたときに、ルアーが左右交互に横揺れしながら泳ぐことを指す。

ワーム
ゴムやソフトプラスティックを使ったルアーの一種。フックやシンカーとセットで使う。

ワンド
入江のこと。湾のように窪んだ地形で、水通しは悪いが、安定した水温になっている。

ワンピッチジャーク
シャクリ一回につき、リールを一回転巻く、釣りの基本動作のこと。

釣具店でも釣りの用語で商品が説明がされていることもあり、見えしわけは道具を選びやすい。

準備編

船宿を利用すれば、ビギナーでも 安心して船釣りを満喫できる

□ 座席は先着順。時間に余裕をみて、早めの到着を心がけよう
□ 船では船長の指示をしっかり守り、必ずアナウンスの後に釣りを始める
□ 扱いきれない魚が釣れたら、焦らず船長に声をかけよう

❖ そもそも船宿ってなに？

「船宿」とは、遊漁船を運営している店のこと。船宿によって扱う魚種が異なり、こだわりの釣り方などがある。まずは行きたい船宿を見つけ、電話などで予約をしよう。（P.53 参照）

現地で出港前にすること

受付
船宿の入り口には釣り物の表示がされているので、受付で予約名、釣りたい魚を伝えよう。

受付や支払いを済ませたら、レンタル道具や餌、氷を受け取る。船宿によっては船の上で配ることもある。

> **HINT 到着時にしておきたいこと**
>
> ・餌や氷の受け渡し場所の確認
> ・トイレを済ませておく
> ・船乗り場と船の場所の確認
> ・戻ってくる時間（沖上がり）の確認
> ・ウェアに着替えておく

乗船名簿に記入
氏名、住所や緊急連絡先などを必ず記入し、座席を決めたら札やチケットをもらおう。

船に乗る
乗る船には看板がかかっているが、乗り込む前に声をかけて確認しよう。札やチケットと引き換えに乗る。

HINT 船宿の調べ方・予約の仕方

1. インターネットで船宿を調べる

船宿が釣りたい魚を扱っているか否かが大切。ネット検索や釣り新聞などで調べよう。

2. 電話をする

ビギナーであることを伝え、下記のポイントをしっかり確認する。

・ビギナーでも釣れる魚か
・道具はレンタルできるのか
・料金（レンタルは有料）、駐車場代がかかるのか
・揃えておくべき道具は何か
・車であれば駐車場の場所や混雑状況

インターネットの予約サイト「釣割」
船宿と釣果の検索が可能。
http://www.chowari.jp

ホームページに必要な情報はほとんど掲載されているが、わからないことはすぐ確認しよう。

HINT 釣りの準備

・バケツの用意（船に用意されている）
・釣り座に道具をセットする
・釣り座の周辺を整える（餌や頻繁に使う道具などを用意し、使わない物はバッグなどにしまう）
・船長や仲乗り（スタッフ）の手が空いていたら道具の扱い方や釣り方を教えてもらう
・クーラーボックスに、釣り座にあるホースから海水を少し入れておく

釣り座を整えよう
撒き餌を使うコマセ釣りなどの場合は、ポイントに着いたら餌かごを船の外に出しておく。

船長のアナウンスがあったら投入する
ポイントに到着し、船長からアナウンスが伝えられたら釣りを開始する。

→

魚が掛かったら
思わず大きい魚が掛かったり対処しきれない場合は、船長に声をかけ、タモ（網）ですくってもらおう。

💬 おなかが空いた時のためのご飯やおやつ、飲み物を持っていこう。

COLUMN
マナーを守って釣り場を増やそう　山口 充

伝統の釣りから知るゴミの考え方

　昨今はマナーの問題が付きまとう時代。マナーについて「釣り」に限っていえば非常にわかりやすく、「ゴミは持ち帰る」「釣り禁止エリアでは釣りをしない」など至って明快。マナーはベテラン、ビギナーというくくりには関係なく大切な事です。

　現在では、釣り人のマナーが悪いために釣りが禁止になっている場所が非常に多い状況です。問題のひとつの釣り人が残して行くゴミ問題については、釣りの基本を考えさせられる問題でもあります。

　日本の古くからある、「伝統的工芸品」に承認されている和竿で有名な江戸前のハゼ釣りでは、竿も小型に収納でき、道具箱や餌箱、仕掛け巻きもコンパクトに箱に入ります。このように、江戸前のハゼ釣りでは、仕掛けも単純で釣り場でパッケージなどのゴミが出ません。

　昔のやり方は手間がかかりますが、無駄がなく、見方を変えると本当の釣りの「基本」が見えてきます。便利ではない時代にあったものこそ「今の時代のヒント」になっているような気がします。

　例えば「お豆腐」などは入れ物を持っ

て買いに行った時代がありました。不便ですが当然ゴミは出ません。現在でも自宅で市販品の仕掛けを使いそうな分だけ仕掛け巻きに巻いて持って行くだけでも釣り場にゴミは落ちないはずです。

ビギナーの釣り人が鍵を握る

　「公益財団法人 日本釣振興会」では釣り場の解放、海底清掃、釣り場や浜辺の清掃、稚魚放流など様々な活動をしています。子供も参加できる稚魚放流で魚と触れ合えるなどのイベントを催しています。

　実際は、釣りのゴミは子供たちが出したゴミだけではないのも事実で心苦しいのですが、子供たちには、環境を守ることやマナーについて教えています。

　子供たちを含め、ビギナー層が笑顔でマナーを守って釣りをすることが当然という釣りを始めることで、今後の「釣り場の開放」に一番近く重要な存在になるのです。釣り場が増えればもっと気軽に楽しめます。まずはゴミを持ち帰ること。これは、誰でもできる簡単なマナーの一歩目です。

写真提供：木戸 毅

Chapter2
釣魚とその釣り方

釣りに行く前に釣りたい魚の生態
や、釣り方の基礎のテクニックを
知っておこう。

22
LEVEL
★☆☆☆☆

マハゼ
数釣りなら夏、大型を狙うなら冬がベストシーズン

□一年魚だが、まれに一年を超えた個体が大型になる。
□水深が浅い場所に移動する夏から秋、特に8月が釣りのベストシーズン
□捕食は吸い込み。餌が長過ぎるとくわえて少しずつ食べる。

寿命は1年から2年
大型のハゼは冬に釣れる

マハゼは体が小さいため、釣っても食べられる身が少ない。そのため、なるべく成熟したものを狙いたい。

マハゼは1年魚で、産卵を終えると死んでしまう。産卵期は冬の終わりから春の終わりまでで、孵化するタイミングも異なる。釣りのシーズンは身が軟らかい8月から10月のハゼが狙い目。水温が高くなり、水深30〜50cmほどの浅瀬に移動し、食欲も旺盛で、よく釣れ数釣りが楽しめる。

大型を狙いたい場合は冬がベストシーズン。成長が乏しく産卵をしないまま1年を超えた個体が、冬に大型となるからだ（冬に釣れる大型のものをヒネハゼと呼ぶ）。

暦とサイズ（単位：cm）

6月	8月	12月
5〜7	10	12

冬は水温が低下し、あまり餌を食べず、アタリが小さくなる。

マハゼの生息地と
捕食の仕方

マハゼは通常、底で餌を漁る。底が砂や泥になっているような場所を好み、体の下にある吸盤型の腹ビレを駆使して、水深が傾斜している地形「カケアガリ」と呼ばれるような場所にいることもある。

マハゼは体に対してやや大きめの頭部をもち、口は大きく開く。餌を見つけると瞬発力のある軽い動きで近寄り、大きな口で素早く吸い込む。とはいえ小魚であるハゼは、長さのあるイソメやジャリメを一気に飲み込むことはできない。長い餌の場合は端からくわえ少しずつ飲み込んでいく。この食べ方をされると、アタリはあるものの、食いちぎって逃げられることも（「バレル」という）。イソメを短くしておけば、一気にイソメを飲み込むので針に掛かりやすい。

📅 **24 Calendar**

1月 2月 3月 4月 5月 6月 7月 8月 9月 10月 11月 12月

産卵期

美味

夏から秋にかけて海から内湾の岸や河川に上り、汽水域でも釣れるようになる。マハゼは全国的に平均して生息しているが、地域によってハゼグチ、サビハゼ、アカハゼなど種類が変わって生息する。東京湾のマハゼの産卵期は冬から春となる。

📍 **釣れるエリア**

北海道南部〜鹿児島県種子島

内湾、河口など
水深8〜10m

💬 淡水と海水が混じり合っている水を汽水という。

真鯊 Acanthogobius flavimanus

❖ マハゼの生態

分類　スズキ目・ハゼ科・マハゼ属
捕食　小魚、貝類、ゴカイ類、藻類
全長　最大で30cm程度
地方名　ゴズ、オカンバ、イーブー、ハゼグチなど

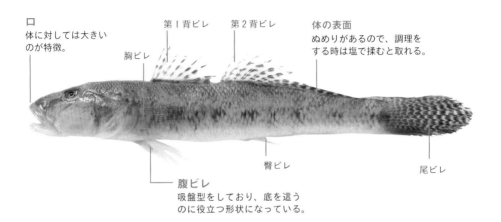

口
体に対しては大きい
のが特徴。

第1背ビレ　　第2背ビレ

体の表面
ぬめりがあるので、調理を
する時は塩で揉むと取れる。

胸ビレ

臀ビレ

尾ビレ

腹ビレ
吸盤型をしており、底を這う
のに役立つ形状になっている。

マハゼと同じ生息地域にいるスジハゼ。マ
ハゼ狙いをしているとまれに紛れ込む。体
表にある青く輝く斑点が目印。味は美味。

幼魚でも大きい口を開けて
餌に食いつく。

マハゼの数釣り（産卵期の9月のハゼ釣りで
釣れた様子）。

+α 江戸時代から人気のマハゼの天ぷら

天ぷらは、江戸時代では屋台でおおよそ現在
の値段にすると80円から食べられるファスト
フード。その材料として江戸前の魚がよく利用
されており、低カロリーで淡白な白身魚のキス
に続き、マハゼもそのひとつだった。マハゼの
天ぷらはふっくらモチモチしており美味。

POINT ハゼ釣りに歴史は欠かせない

江戸時代後期では葛飾北斎が、女性が釣りをし
ている風景を描いているほど一大釣りブームで
あった。この時代に作られた江戸和竿と呼ばれ
る竹でできた竿は現代でも使われている。ハゼ
釣りは歴史がある分奥深く、ビギナーから玄人
にまで好まれる釣りなのだ。

💬 9月以降は成長して口も大きくなるので掛かりやすい。

マハゼ

餌 ルアー ・ 堤防 船 砂浜 他

ハゼ釣りでアタリを楽しむなら「ミャク釣り」がおすすめ

- □ ミャク釣りは仕掛けの先に付けるオモリを底に落として探る釣り
- □ 竿の穂先が重くなる「もたれ」があったら、竿を上方に上げ針掛かりさせる
- □ 飲み込まれないように早めに針掛かりさせて釣る

ミャク釣りのタックルと仕掛け

ミャク釣りでは、リールが不要。のべ竿と糸、糸の先に仕掛けを付けて釣る。

チチワ（P.59）

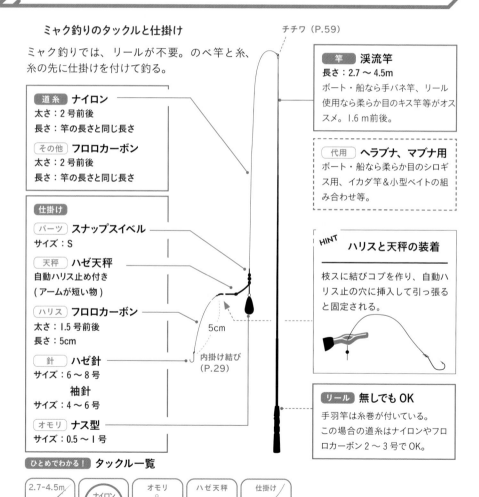

道糸 ナイロン
太さ：2号前後
長さ：竿の長さと同じ長さ

その他 フロロカーボン
太さ：2号前後
長さ：竿の長さと同じ長さ

仕掛け

パーツ スナップスイベル
サイズ：S

天秤 ハゼ天秤
自動ハリス止め付き
(アームが短い物)

ハリス フロロカーボン
太さ：1.5号前後
長さ：5cm

5cm

内掛け結び
(P.29)

針 ハゼ針
サイズ：6〜8号
袖針
サイズ：4〜6号

オモリ ナス型
サイズ：0.5〜1号

竿 渓流竿
長さ：2.7〜4.5m
ボート・船なら手バネ竿、リール使用なら柔らか目のキス竿等がオススメ。1.6m前後。

代用 ヘラブナ、マブナ用
ボート・船なら柔らか目のシロギス用、イカダ竿＆小型ベイトの組み合わせ等。

HINT **ハリスと天秤の装着**

枝スに結びコブを作り、自動ハリス止の穴に挿入して引っ張ると固定される。

リール 無しでもOK
手羽竿は糸巻が付いている。この場合の道糸はナイロンやフロロカーボン2〜3号でOK。

ひとめでわかる！ タックル一覧

2.7-4.5m 渓流竿	ナイロン 2号	オモリ 0.5-1号	ハゼ天秤	仕掛け

のべ竿とは、つなぎ目がない1本の竿のこと。リールが不要なため糸を通す穴のガイドがない。

Check! ハゼのミャク釣りとは

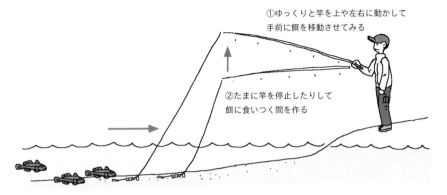

①ゆっくりと竿を上や左右に動かして手前に餌を移動させてみる

②たまに竿を停止したりして餌に食いつく間を作る

7〜9月上旬は、30〜50cm程度の水深が浅い場所にもやってくる。

ミャク釣りはリールがなくシンプルな釣り

ミャク釣りは非常にシンプル。仕掛けにオモリを使い、餌を底を這わせて誘うだけでできてしまう。アオイソメやジャリメ（P.20）を活き餌として使う。長さは1cmにカットし、仕掛けの針に掛ける。

ポリマー（水溶性）でできている疑似餌。虫が苦手な人におすすめ。

投入し、道糸がたるんでいるとマハゼが餌を食べても、竿に振動（アタリという）が伝わらないので、道糸に糸がピンと張った状態で待つ。

マハゼは水深1m以内の浅瀬に生息する。探るポイントは地形が凹んでいる場所や石があるところの際。マハゼは動いている餌に興味がわくので、竿をゆっくりと左右に動かし、餌の位置を移動させて、マハゼを誘ってみよう。ブルブルと振動があり、ちょっと重くなったら（「もたれ」という）竿先を上げて針掛かりさせてみよう。針掛かりさせることをアワセという。

マハゼは、餌をくわえたら動かない習性があるので、アタリが来るのは食いちぎる時や針が掛かった時。餌をくわえた瞬間の竿を捉えて釣り上げて、口先に針をアワセることができれば、針を飲み込まれずに釣り上げることができる。

POINT 竿先に結ぶチチワの結び方

竿の先に糸を結びつけるためのチチワの結び方。

①輪を作る　②上の輪に通す　③引っ張る

▶ 動画でチェック！
https://www.youtube.com/watch?v=abkDlVm6S3I

+α 餌を使い分けて釣果を上げる

餌のイソメやジャリメの頭は太く硬いため身が崩れにくくもちがよいが、吸い込みが悪い事も。マハゼに食欲がなかったり、餌が外れる、逃げられてしまう事が多い時は、尻尾の部分を使う。細く柔らかいため吸い込みがよい。使用する針の大きさや、餌の太さで尻尾の部分を使うとよい。

ハゼの伝統の竿「江戸和竿」は量産品では味わえない伝統工芸の技法を用いて作られている。

マハゼ

餌 ルアー ・ 堤防 船 砂浜 他

ウキ釣り、シモリウキ釣りは、目でウキの動きを確認して釣る

□ ウキフカセはオモリを使って水深を測り、水深に合わせてウキ下を調整する
□ シモリウキは自動的に水深を調整してくれるので手軽にポイントを移動できる
□ シモリウキは横に動いたりやや複雑な動きをする

ウキ釣り

ウキ釣りとは、海面に浮かばせた仕掛けのウキが沈んだら魚が掛かるとわかる。自然と浮遊する餌がマハゼを誘う。

水深に合わせてウキ下を調整するため、5号程度のナス型オモリや消しゴムを付けて沈める。ウキが横に倒れれば浅いのでウキ下を短く、ウキが沈んでしまえば深いのでウキ下を長く調整する。

ハゼが釣れたらウキが動く。目でウキの動きを確認して行う釣りだ。魚が釣れる振動の「アタリ」がわからなくても目で確認できるので初心者でも取り組みやすいだが、ウキ下の水深を測る手間があり、移動がしづらい。

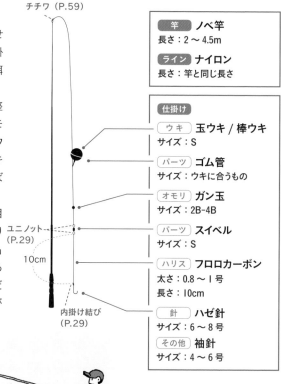

チチワ（P.59）

竿	ノベ竿
長さ：2 ～ 4.5m	
ライン	ナイロン
長さ：竿と同じ長さ	

仕掛け

ウキ	玉ウキ / 棒ウキ
サイズ：S	
パーツ	ゴム管
サイズ：ウキに合うもの	
オモリ	ガン玉
サイズ：2B-4B	
パーツ	スイベル
サイズ：S	
ハリス	フロロカーボン
太さ：0.8 ～ 1号	
長さ：10cm	
針	ハゼ針
サイズ：6 ～ 8号	
その他	袖針
サイズ：4 ～ 6号	

ユニノット（P.29）

10cm

内掛け結び（P.29）

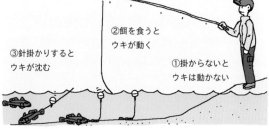

②餌を食うとウキが動く

③針掛かりするとウキが沈む

①掛からないとウキは動かない

糸はたるんでいても OK。ウキの動きを常にチェックしておこう。

ハゼは夏場などは水深が浅いところにいるため、ミャク釣りの方が適している。

▌シモリウキ仕掛け

シモリウキとは道糸に小さいウキを数個均等に通すウキ。そのため、下の図のように水深に合わせて必要な分のウキが沈んだり浮いたりする。通常のウキはウキ下が短いと水中で餌が浮いてしまうが、シモリウキなら餌が底に必ず届く。ハゼが針掛かりし、動き回ればウキが1個または2個沈む。ウキが不自然に動いたら竿を上げてハゼに針掛かりさせよう。

ちなみに針掛かりは悪くなるが餌を通常より長めの2cmくらいにすると、ハゼにとって餌が長く、見えやすくなるので誘いのアピールとなる。

竿	ノベ竿
長さ：2～4.5m

ライン	ナイロン
太さ：1～1.5号
長さ：竿と同じ長さ

仕掛け

ウキ	シモリウキ
サイズ：小型3～5個

ハリス	フロロカーボン
太さ：0.8～1号
長さ：10cm

パーツ	スイベル
サイズ：S

オモリ	丸玉
サイズ：0.5～1号

針	ハゼ針／袖針
サイズ：5～7号

Check! シモリウキでわかる水深

水深が異なった状態でのシモリウキの様子。水深が異なっても餌が底に届き、ウキも水面に浮かぶ。

水深が深いと、ウキもその分沈む。

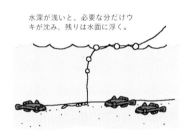

水深が浅いと、必要な分だけウキが沈み、残りは水面に浮く。

POINT シモリウキの動き方

基本的なウキは魚が掛かると沈む特徴がある。シモリウキはウキ下を調整するため、複数あるウキのうちいくつかが既に沈んでいる。マハゼが針に掛かったら、浮かんでいるシモリウキが1つか2つ沈むが、または横に動くか微妙に揺れたりする。ウキが不自然に動いたら竿を上げてアワセる。

+α 長い竿は広範囲を探れる

ウキ釣りと異なる点は、水深を測らずにあらゆるポイントを攻めることができるところ。竿が長ければ下げ潮で手前が浅くなりすぎてハゼがいない場合も遠くを探ることができ、広範囲を探れる。

💬 シモリウキは、底魚のタナゴ釣りでも使うことができる。

餌を食べているポイントを見つけ季節によって餌を変える

- □ メジナは同じ場所に留まる居着きの魚
- □ 堤防の継ぎ目「ケーソン」や底にある石など障害物を好み、海藻などを食べる
- □ 目や鼻もよいと考えられている

クチブトとオナガの2種がいる

メジナは主に2種おり、本来メジナというと口太メジナの「クチブト」を指す。全身が黒く見えるクロメジナ（尾長メジナ）通称「オナガ」は、メジナよりも、針掛かりさせたあとの抵抗する力が強い。オナガは伊豆半島や相模湾から東シナ海と南方に生息。メジナは基本的には一定のエリアで生息し、回遊しない。味は生息地により身に磯臭さがある。どちらも産卵は磯、岩礁やその周辺、大小の小石が集まる礫底、海藻地帯で行う。産卵期は本州北部5〜7月、九州10〜6月、長崎県5月とバラつきがある。

稚魚の間は、水深2〜3cmの岩陰や堤防につく藻場などに生息する。1歳魚以上になると魚礁に移り、2年、3年とさらに成熟すると水深1〜2mの岩の裂け目や岩の下で生息するようになる。成熟度と共に海底の藻や海草などを食すようになる。

年齢とサイズ（単位：cm）※10歳の記録もある

	1歳	2歳	3歳	4歳	5歳	6歳
佐世保湾	11	16	20	22	25	28

群れで過ごし水温が高いと食欲が増す

基本的には群れで過ごしており、雑食性で、通年海藻類と端脚類（エビの仲間）、ゴカイを食している。視線の方向は前下方。メジナは色を判別していると考えられている。目もいいが鼻も利くと考えられ、匂いに敏感。匂いのある餌に寄ってくる。

また、水温も捕食活動（活性）に大きく影響する。水温が17℃くらいになると活性がよくなる。成熟度と季節によって接餌内容が変わる。例えば、端脚類の割合は6〜1月は1割だが、4月になると7割に増える。

📅 **24** **Calendar**

1 2 3 4 5 6 7 8 9 10 11 12
月月月月月月月月月月月月

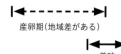

産卵期（地域差がある）

美味

通年釣れる。産卵前がハイシーズンとなるが、本州北部5〜7月、九州10〜6月、長崎県5月など、地方によって時期が異なる。産卵期は浅場に来ることから、堤防などは産卵直前が釣れるとされる。

📍 **釣れるエリア**

琉球諸島を除く北海道以南

💬 藻や海草を食べているために身が磯臭くなる。身の匂いは夏場は強いが冬場は弱いといわれる。

眼仁奈 <small>めじな</small> Girella punctata

❖ メジナの生態

分類　　スズキ目・イスズミ科・メジナ属
捕食　　海藻、エビ、カニなどの甲殻類、うに、小魚
全長　　平均して 30cm、最大で 60cm 前後
地方名　クチブト、ヒコヤ、チカイ、ツカヤ、グレなど

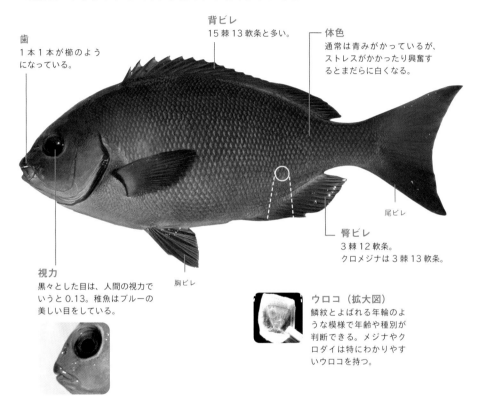

歯
1 本 1 本が櫛のようになっている。

背ビレ
15 棘 13 軟条と多い。

体色
通常は青みがかっているが、ストレスがかかったり興奮するとまだらに白くなる。

尾ビレ

臀ビレ
3 棘 12 軟条。
クロメジナは 3 棘 13 軟条。

視力
黒々とした目は、人間の視力でいうと 0.13。稚魚はブルーの美しい目をしている。

胸ビレ

ウロコ（拡大図）
鱗紋とよばれる年輪のような模様で年齢や種別が判断できる。メジナやクロダイは特にわかりやすいウロコを持つ。

HINT　メジナの成長と行動範囲

稚魚は大きな群れで夜明け前に大移動するが、成魚になると近くの磯まで移動をする。日中に捕食し、成魚になると夜間も捕食を行う。水温は 17 ～ 20℃で活性がよくなる。メジナ釣りは堤防か磯になるが、堤防は中型サイズまで、大型狙いとなると沖釣りか磯釣りになる。

POINT 口は小さく頑丈

メジナは口が小さいが、しっかりとした歯が細かく生えている。針掛かりするとなかなか取れないが、針外しが入らない。
針掛かりしても口の横以外は頑丈なので針が貫通することはあまりない。取れない針をプライヤーなどで掴んで振ると取れる。

💬 冬場のメジナは脂が乗っていて美味しい。

26
LEVEL
★★☆☆

メジナ

餌 ルアー ・ 堤防 船 砂浜 他

メジナのウキフカセ釣りは 撒き餌で外道を散らして狙う

□ ポイントは手前から徐々に遠くへ攻めてみる
□ しつこい外道はコマセで散らし、遠投する
□ コマセの配合や付け餌に工夫をしてみる

ウキフカセ釣りのタックルと仕掛け

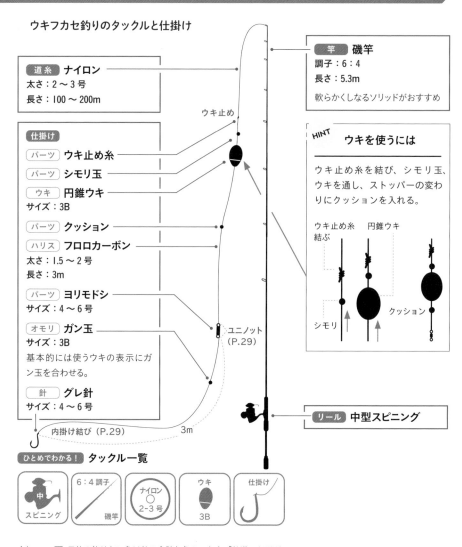

道糸	ナイロン
太さ：2〜3号
長さ：100〜200m

竿 磯竿
調子：6：4
長さ：5.3m
軟らかくしなるソリッドがおすすめ

仕掛け
パーツ ウキ止め糸
パーツ シモリ玉
ウキ 円錐ウキ
サイズ：3B
パーツ クッション
ハリス フロロカーボン
太さ：1.5〜2号
長さ：3m
パーツ ヨリモドシ
サイズ：4〜6号
オモリ ガン玉
サイズ：3B
基本的には使うウキの表示にガン玉を合わせる。
針 グレ針
サイズ：4〜6号

ウキ止め

HINT ウキを使うには

ウキ止め糸を結び、シモリ玉、ウキを通し、ストッパーの変わりにクッションを入れる。

ウキ止め糸　円錐ウキ
結ぶ

シモリ　　　　クッション

ユニノット
(P.29)

内掛け結び（P.29）

3m

リール 中型スピニング

ひとめでわかる！ タックル一覧

中 スピニング	6：4調子 磯竿	ナイロン 2-3号	ウキ 3B	仕掛け

目的の釣りたい魚以外の余計な魚のことを「外道」と呼ぶ。

Check! メジナのウキフカセ釣り

ウキは全体の1/3頭が出ている状態

余計な魚が多い時は遠投し、ウキの上にコマセを投げる

①コマセを撒く
②コマセが流れる
③コマセの煙幕とつけエサが同調するように

餌取りは、ボラや、サバ、アジなど。小さい針を使うと、ネンブツダイやベラなどの外道が掛かってしまう。

メジナは過ごす層がよく変わる

メジナは小型サイズなら足元でよく釣れるが、中型サイズを狙うなら、近いところから探って最終的には遠投で探ってみよう。また、堤防内のメジナは泳いでいる層の「タナ」がよく変わる。ウキ下の調整はこまめに行おう。

ウキフカセ釣りはコマセと針を同調させる

まず、撒き餌のコマセを作ろう。まず、バッカン（P.15）に配合餌と解凍済みのオキアミブロックから付け餌を除いた分を入れ、海水を少し加えて耳たぶ程度の柔らかさでしっとりするまで混ぜる。針にはオキアミを

つける。イソメでも食う。

作ったコマセを柄杓で撒くと海中でまとまって浮遊し煙幕のような状態になる。その付近に針が来るように調整する（同調させる）。ウキは着水したらあとは自然に沈み、潮に流される。メジナが針に掛かるとウキが沈むだけでなく、メジナが抵抗する振動が、糸を通して竿まで伝わってくる。竿を大きく立てて針掛かりさせよう。

堤防に高さがある場合や、中型〜大型の場合、1キロを超えてくる場合も多く竿が折れたり、ハリスもメジナの歯で傷つき糸が切れてバレてしまうこともある。掛かった後に引きが強い場合は、寄せてタモ（P.15）を使ってすくおう。

POINT 潮の流れと根や海藻の動き

魚は潮に対向して泳いでいないと流されてしまう。例えば右から潮が流れていたとすると、海藻や根は左に向かってたゆたう。魚は、その左側にいることが多い。メジナは海藻を食べるため、海藻の裏などにいることがある。

+α 配合餌に凝る

配合餌やオキアミなどを混ぜて作るコマセ（P.20）は、配分量を変えてみたり、パン粉を入れて、仕上がりの固さを変えるなどのアレンジをすることも。
また、付け餌のオキアミも生のもの、ボイルしたものと試してみるのも工夫の一つ。

大型を狙うとなると船釣りが一般的。

27
LEVEL
★★★★☆

クロダイ
クロダイは食の好みや
食べ方が特徴的

□ 乗っ込みの早春〜初夏が狙い目、冬は釣れにくいが美味
□ 磯以外でも、淡水が混じり合う河口域や堤防でも釣れる
□ 餌はとうもろこしやサツマイモなど色が黄色いものに反応する

クロダイ、チヌは 主に湾内に生息する

クロダイの産卵期は千葉県館山では3月、兵庫県明石では6月など地域によって異なり、早春〜初夏にかけて行われる。

まだ冷え込む早春は、産卵に備えて捕食活動が盛んになり、活性が高いと呼ばれる「乗っ込み」の時期。また、産卵を終え、真夏を迎えた頃にも活性が高くなる。冬は、深場で過ごす個体と、比較的浅場で定住する「居着き」の個体に分かれる。孵化した仔魚は全部オスで、3歳あたりで性転換し、メスになる個体が出る。

基本的には湾内の砂泥底のエリアに生息し、海水と淡水が混じりあう汽水域にも入り込むため、堤防からでも釣れる。

悪食と呼ばれる クロダイの食生活

クロダイはなんでも食べる"悪食"といわれる。強い顎と歯を持ち、甲殻類もスイっと吸い込んでバリバリと食べてしまう。自分の口より大きい小魚の場合は横にかじって弱らせ頭から食べる。

黄色はクロダイにとって興味を引く色という実験結果も出ており、昔からの釣法で四国ではサツマイモの練り餌で釣る「ダンゴ釣り」や、現在でもコーン（とうもろこし）の配合餌なども販売されている。

撒き餌のコマセを撒くと、水中でコマセが散って煙幕状になり、濁りが出る。この濁りがクロダイの警戒心を解いたり、煙幕そのものが水中で目立ち、クロダイに気がついてもらいやすい。クロダイが生息するエリアには、ボラやメジナなど別の魚種も多く、クロダイ以外の魚に餌を食べられたり、針掛かりされたり釣りにならないことも。クロダイ釣りは針掛りすると抵抗が強く、自分の場所まで寄せるまでのやりとりが繊細で、釣り人の腕次第となる奥深い釣りだ。

📅 Calendar

1月 2月 3月 4月 5月 6月 7月 8月 9月 10月 11月 12月

産卵期

美味

通年釣れるが、産卵前の早春が最もよく釣れ、産卵後の8月後半、秋も冬を越す準備として食欲がありよく釣れる。地域によって美味しく食べられる時期が異なるが、なかなか釣れない冬は脂が乗って美味しい。

📍 釣れるエリア

琉球諸島を除く北海道南部以南

内湾、河口、磯、汽水エリア

💬 クロダイでは、地方によって落とし込み釣り、ダンゴ釣り、イカダ釣りなどがある。

黒鯛 _{くろだい} Acanthopagrus schlegelii

❖ クロダイの生態

分類　　スズキ目・タイ科・クロダイ属
捕食　　海藻、エビ、カニなどの甲殻類、うに、小魚
全長　　最大で70cm前後
地方名　チヌ、メイタ、ツエ、カワダイ

クロダイの見分け方
クロダイは、キチヌやヘダイなど、見た目が似ている仲間が多い。確実に見分けるポイントは側線の上にあるウロコ。5〜7枚あることが確認できればクロダイ。

側線

歯
クロダイの歯は、平均して上顎に70本、下顎に45本も生えている。

背ビレ
クロダイの背ビレは11棘、11軟条。奇数番が太い。

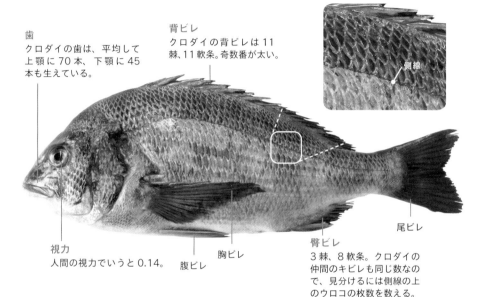

尾ビレ

視力
人間の視力でいうと0.14。

腹ビレ

胸ビレ

臀ビレ
3棘、8軟条。クロダイの仲間のキビレも同じ数なので、見分けるには側線の上のウロコの枚数を数える。

クロダイの呼び名
クロダイもスズキのように出世魚で、体長によって呼び名が変わるほか地域ごとに呼び名も異なる。サイズは目安。

	10cm前後	20cm以上	25-35cm	30-50cm	50-60cm	60cm-
関東	チン	チンチン	カイズ	クロダイ	トシナシ	ロクマル
関西	ババタレ	チヌ	オオスケ	クロダイ	トシナシ	ロクマル

HINT　悪食を利用して外道を避ける

撒き餌のコマセを撒いても、他の魚に食い散らかされてしまうようなら、とうもろこしやさつまいもを主体にした撒き餌など、クロダイしか食べないような配合餌を使用して対応しよう。外道を避けることができるはず。

POINT　クロダイでコマセ釣りを楽しむ

クロダイ釣りというと堤防や磯のイメージがあるが、船釣りであれば、東京湾では季節によっては乗合船が出る。仕掛けのハリスが短いため絡みにくくビギナーにも最適。クロダイでコマセ釣りの楽しさが味わえる。

💬 クロダイは50cm以上の大型のことを通称「トシナシ」、60cm以上は「ロクマル」と呼ぶ。

28
LEVEL
★★★★★

クロダイ　　　　　　　餌 ルアー ・ 堤防 船 砂浜 他

撒き餌でダンゴを作って堤防から狙う

□ ダンゴの硬さがキモ。割れたり崩れたりしないように水分を少し使う
□ 撒き餌で外道を散らし、さらにダンゴの煙幕で外道を集中させる
□ 水深オモリで測って把握をする

ダンゴ釣りタックル

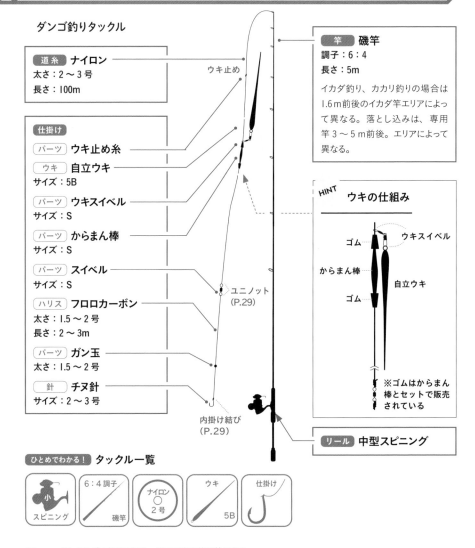

道糸 ナイロン
太さ：2〜3号
長さ：100m

仕掛け

パーツ ウキ止め糸

ウキ 自立ウキ
サイズ：5B

パーツ ウキスイベル
サイズ：S

パーツ からまん棒
サイズ：S

パーツ スイベル
サイズ：S

ハリス フロロカーボン
太さ：1.5〜2号
長さ：2〜3m

パーツ ガン玉
太さ：1.5〜2号

針 チヌ針
サイズ：2〜3号

ウキ止め

ユニノット
(P.29)

内掛け結び
(P.29)

竿 磯竿
調子：6：4
長さ：5m

イカダ釣り、カカリ釣りの場合は
1.6ｍ前後のイカダ竿エリアによっ
て異なる。落とし込みは、専用
竿3〜5ｍ前後。エリアによって
異なる。

HINT **ウキの仕組み**

ウキスイベル
ゴム
からまん棒
自立ウキ
ゴム

※ゴムはからまん
棒とセットで販売
されている

リール 中型スピニング

ひとめでわかる！ タックル一覧

小 スピニング	6：4調子 磯竿	ナイロン 2号	ウキ 5B	仕掛け

　💬 クロダイ釣りの場合、代用できる竿は特にない。

Check! クロダイのダンゴ釣りの方法

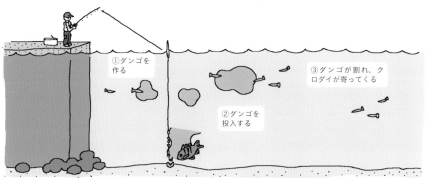

①ダンゴを
作る

②ダンゴを
投入する

③ダンゴが割れ、ク
ロダイが寄ってくる

ダンゴ釣りは細かい外道を中層で餌でごまかし、本命のクロダイにはダンゴの餌を食べてもらう仕組み。

釣り場を把握し 水深は潮汐に合わせて調整する

ダンゴ釣りとは、撒き餌を練って針を仕込ませたダンゴを使う釣法。潮が流れている場所など、落としたい場所に目安をつけたらオモリを付け、投入し水深を測る。バッカン（P.15）に、配合餌を海水を少し混ぜて練る。オキアミを針に付けて、それを練った配合餌で包み込むようにダンゴを作る。その際、ダンゴは海底までに割れたり、崩れないように、若干水分を入れてきつく握って作る。目安としては、膝あたりから平地に落としても割れない程度の硬さ。ダンゴができたら針（サシ餌）を仕込んだダンゴを落とし、配合餌を柄杓でウキの周辺に散らす。利き手で竿を、反対側の手でダンゴを持ち、海の中へダンゴを放り投げる。ダンゴが底に落ちるよう、ウキ下の長さは底に合うように変えよう。コツコツと竿に振動が来たら焦らず、口が硬いのでしっかりと竿先を上げて針に掛からせる。

ウキと底を取ることが 一番重要

ダンゴ釣りは、ウキ下が長過ぎれば、食った事に気がつけず掛かったとしても針掛かりさせる動作のタイミングが遅れてしまう。逆にウキ下が短過ぎるとウキが海の中へ落ち込んでしまうので、これもNG。釣り場で、ダンゴを落とす位置がどのくらいの深さにあるのか水深を調べてから行うことが釣果につながる。

POINT ダンゴの役割

作るダンゴは軟らか過ぎはNG。海に投げれてもすぐに溶けず着底してから割れはじめるようなものを作る。割れたらすぐにクロダイをはじめとする魚が集まり、すぐに食ってくることがある。ダンゴを投入してすぐに魚の動きに対応できるよう手元に集中しよう。

+α 配合餌や付け餌の工夫

ダンゴの中に入れる餌は、オキアミ、サナギ、コーン、活きたカニや小型のシャコなど色々。オキアミを使う場合は、針にえびぞりのような形にする。コーンだけの場合は4個ほど付ける。これらを組み合わせると釣果につながる。

29

LEVEL
★★★★☆

アオリイカ

大型狙いなら初夏、
数釣りは秋が絶好のチャンス

- □ 身の味わいの違いをシーズンによって選べる
- □ イカの目や耳の良さを利用した釣り方が効果的
- □ 大型で身が美味しいアオリイカは冬に狙う

産卵前が
釣りのシーズン

日本に生息するアオリイカはシロイカ型、アカイカ型、クアイカ型の3種類。見た目には大きな差はなく、アカイカ型はシロイカ型に比べやや赤みがかっており、沖縄や長崎（五島列島）、小笠原や伊豆諸島など南に多く生息する。クアイカ型は小ぶりで琉球諸島の珊瑚礁のリーフ内に生息している。国内で釣れるアオリイカは、シロイカ型がメイン。

寿命は1年で、成熟し、産卵を終えると死ぬ。産卵は6〜9月の水温が高い時期に藻場や海底に沈んだ樹木などに行う。産卵の前はより多くの栄養を求めて、餌に対して貪欲になる。そのため、産卵時の夏が釣りのシーズン。産卵期が比較的長く、早期に生まれた個体は秋には中型サイズに成長している。そのため秋には既に親も子も釣れ数釣りが見込める。

アオリイカの身体能力を
逆手に取って釣る

主に朝夕の薄明時から夜間にかけてよく釣れる。また、月の光の関係で、満月の前後5、6日は夜釣りの中では特に狙い目。

アオリイカは人間では判別できない偏光、色と物体を判別でき、高い視覚認識能力があると考えられている。天候や潮に合わせて、エギの色を変えると釣果に差が出ると言われているのはそのためかもしれない。エギのカラーは、ボディカラーとベースカラーの組み合わせによって数多くあり、定番のオレンジ、活性が低い時のためにオリーブなども用意しておくとよい。ほかの手段として、エギが乾いた状態に香り付けをするスプレーがあり、嗅覚に訴えるのもよいだろう。また、イカは音（振動）で反応すると考えられ、エギの中にラトルが入ったエギも釣果につながるといわれる。

📅 Calendar

地域によるが、主に産卵は初夏に行われる。そのため、産卵前の春は釣れるシーズン。成長期の秋も食欲旺盛でよく釣れる。

📍 釣れるエリア

北海道南部以南の沿岸

岩礁、砂、藻場
水深5〜30m

70　　💬 アオリイカは海底から中層で数匹から数十匹程度の群れを作っている。

アオリイカ Sepioteuthis lessoniana

❖ アオリイカの生態

分類　ツツイカ目・ヤリイカ科・アオリイカ属
捕食　比較的柔らかい小魚を好む。底の魚（小型のヒラメ、アマダイ）など
全長　最大で50cm
地方名　アオイカ・アオリ・バショウイカ・モイカ・ミズイカ

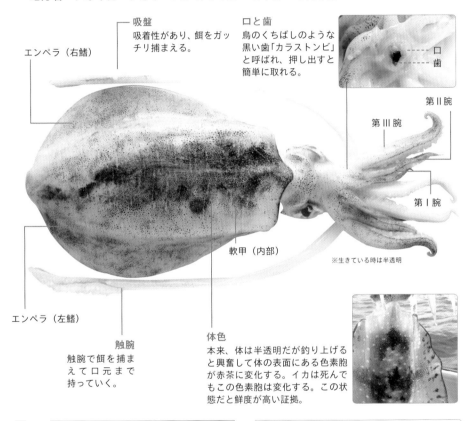

吸盤
吸着性があり、餌をガッチリ捕まえる。

口と歯
鳥のくちばしのような黒い歯「カラストンビ」と呼ばれ、押し出すと簡単に取れる。

エンペラ（右鰭）

口
歯

第Ⅱ腕
第Ⅲ腕
第Ⅰ腕

軟甲（内部）

※生きている時は半透明

エンペラ（左鰭）

触腕
触腕で餌を捕まえて口元まで持っていく。

体色
本来、体は半透明だが釣り上げると興奮して体の表面にある色素胞が赤茶に変化する。イカは死んでもこの色素胞は変化する。この状態だと鮮度が高い証拠。

HINT　水温が高い年はよく釣れる

イカの成長は海中の塩分濃度に影響を受けやすく、濃度が低過ぎると死ぬ。塩分だけでなく、産卵期と稚仔成育期の水温も成長に密接に関連するといわれ、夏から秋にかけて水温が高く高塩分である年はよく釣れるといわれる。

POINT　イカのアタリはわかりにくい

イカは触腕と吸盤で獲物をつかみとり、海水を吐き出す推進力で獲物を引き寄せて捕食する。魚の歯のような明確なアタリと異なり、イカの場合は吸盤でエギをつかもうとタッチしたわずかな振動がアタリとなる。

世界にいるイカの種類は約450種。日本では約100種類おり、アオリイカは3種生息する。

アオリイカ 　餌 ルアー ・ 堤防 船 砂浜 他

堤防からエギングで釣る場合は エギを落とし込むことに集中する

□ イカは落ちて来る餌を捕獲するため、エギが海中で落ちている時に抱いてくる
□ 海中でのエギの動きは、シャクって落とし込む（フォール）の動きを繰り返す
□ エギを動かすためには、ロッドをシャクって操作する

エギングのタックルとラインシステム

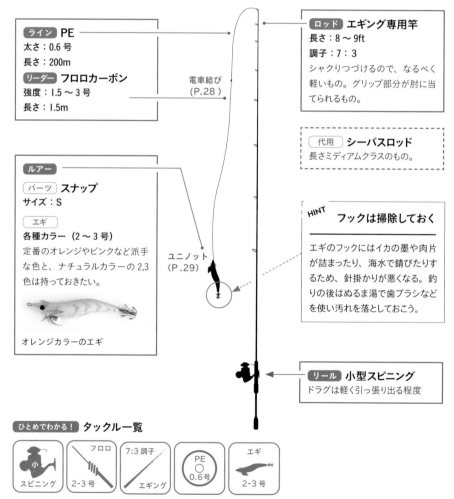

ライン PE
太さ：0.6号
長さ：200m
リーダー フロロカーボン
強度：1.5 〜 3号
長さ：1.5m

電車結び
（P.28）

ロッド エギング専用竿
長さ：8 〜 9ft
調子：7：3
シャクりつづけるので、なるべく軽いもの。グリップ部分が肘に当てられるもの。

代用 シーバスロッド
長さミディアムクラスのもの。

ルアー

パーツ スナップ
サイズ：S

エギ
各種カラー（2〜3号）
定番のオレンジやピンクなど派手な色と、ナチュラルカラーの2,3色は持っておきたい。

オレンジカラーのエギ

ユニノット
（P.29）

HINT フックは掃除しておく

エギのフックにはイカの墨や肉片が詰まったり、海水で錆びたりするため、針掛かりが悪くなる。釣りの後はぬるま湯で歯ブラシなどを使い汚れを落としておこう。

リール 小型スピニング
ドラグは軽く引っ張り出る程度

ひとめでわかる！ タックル一覧

小 スピニング	フロロ 2-3号	7:3調子 エギング	PE 0.6号	エギ 2-3号

　💬 電車結びは早く結べるが、強度がやや低いので、ほかの結び方にも挑戦してみよう。

Check! エギングの基本の動き

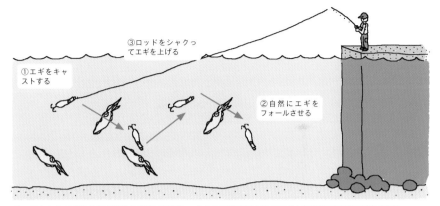

①エギをキャストする

③ロッドをシャクってエギを上げる

②自然にエギをフォールさせる

キャストしたエギの位置が遠ければ遠いほどシャクれる回数が増えるのでイカに遭遇する確率が高くなる。

人気のエギングは、シャクり続ける釣り

イカ釣りにはさまざまな釣り方があり、中でもエギングは、手軽な装備で堤防からも釣れる人気の釣り方。

エギングは、エギを遠投しフォールさせてボトムを取り、ロッドを大きく上方にあおってシャクる。これを3、4回繰り返し、ラインにテンションが張った状態にする。シャクりを繰り返すたびに、エギは段階的に表層へ上がって行く。時折シャクりだけでなく、横方向にロッドをシャクってみたり、穂先を細かく動かしてエギを左右に動かした動きをさせるなど、エギにさまざまな動きをつけると、イカが興味を示して寄ってくることがある。

フォールの種類を知る

イカはエギがフォールしている間に食いつきやすい。この時フリーフォールにし、アクションはつけないこと。

フリーフォールの場合、ラインにテンションがかかっていない状態なのでアタリが取れずシャクった時に重みがあることで掛かった事がはじめてわかる。

穂先を上げてラインのテンションを感じつつ落とす「水平フォール」、穂先を下げながらテンションを張ってフォールする「テンションフォール」はイカのアタリがわかりやすく習得したいテクニックだ。

POINT フリーフォールで着底を知るには

エギをフリーフォールしていると、いつ着底したのかがわからないもの。判断するためには、商品パッケージに記載されているフリーフォール時の沈下スピードのカウント数を覚えておこう。実際は潮の流れなどで沈下スピードは変化するが、おおよその目安となる。

+α エギのサイズを小型にしてみよう

なかなか釣れない場合は、エギのサイズを小さめにしてみることで釣果が上がることがある。その時のイカが捕食しているものが小魚の時期であれば、小さめのエギに反応がある。イカも魚と同様にマッチザベイトを意識してエギをチョイスしてみよう。

💬 餌木は江戸時代から「薩摩烏賊餌木」と呼ばれ300年の歴史がある疑似餌だ。

31
LEVEL
★★★★★

ティップランでは潮の流れと 投げる方向を考えて釣る

- □ エギのストップ / ステイ中につかんでくる
- □ イカが乗ったらアワセを入れ、一定の速度で速やかに巻き上げる
- □ 活性が悪い時には潮の流れにエギを流し、ストップさせて漂わせる

ティップランのタックルとラインシステム

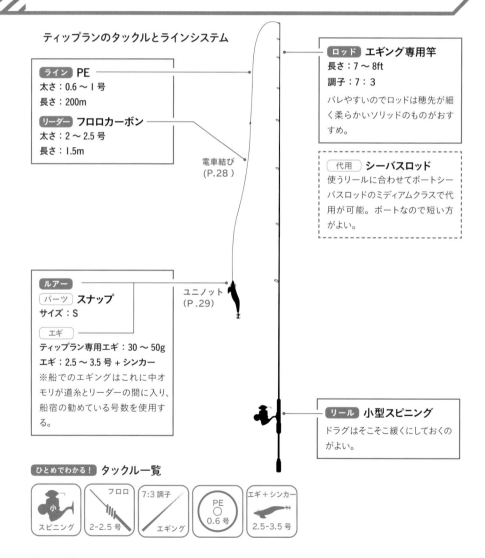

ライン PE
太さ：0.6 ～ 1 号
長さ：200m

リーダー フロロカーボン
太さ：2 ～ 2.5 号
長さ：1.5m

電車結び
(P.28)

ロッド エギング専用竿
長さ：7 ～ 8ft
調子：7：3
バレやすいのでロッドは穂先が細く柔らかいソリッドのものがおすすめ。

代用 シーバスロッド
使うリールに合わせてボートシーバスロッドのミディアムクラスで代用が可能。ボートなので短い方がよい。

ルアー
パーツ スナップ
サイズ：S
エギ
ティップラン専用エギ：30 ～ 50g
エギ：2.5 ～ 3.5 号 + シンカー
※船でのエギングはこれに中オモリが道糸とリーダーの間に入り、船宿の勧めている号数を使用する。

ユニノット
(P .29)

リール 小型スピニング
ドラグはそこそこ緩くしておくのがよい。

ひとめでわかる！ タックル一覧

小 スピニング	フロロ 2-2.5 号	7:3調子 エギング	PE 0.6 号	エギ + シンカー 2.5-3.5 号

　ティップランは小型のボートのため、不慣れ人は短いロッドの方が扱いやすい

Check! ティップランとは

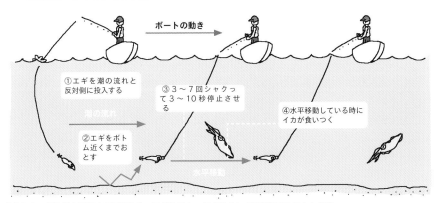

- ①エギを潮の流れと反対側に投入する
- 潮の流れ
- ②エギをボトム近くまでおとす
- ③3〜7回シャクって3〜10秒停止させる
- ④水平移動している時にイカが食いつく
- 水平移動
- ボートの動き

投入したエギは船と同じ方向に流れる。エギをストップさせると水平移動することとなる。

潮の流れを活かしたボートエギング

ティップランは潮の流れを活かしてボートから釣る方法。潮に流されるエギの自然な動きがアオリイカに効く。まず、潮の流れに背を向けて反対方向にエギを投入する（ボートは風や潮の流れに乗って動いている）。エギが着底したら、3〜7回シャクり、3〜10秒停止し、またシャクり……を繰り返す。シャクったあとのエギはフォールし、止めている時のエギは潮の動きで水平移動している。このアクションによってイカがエギに気がつく。ストップ（水平移動）している間に、イカはエギに隙を感じてつかんで来る。ラインの変化に気付いたら素早くアワセ、グンと重かったら乗った証拠。エギにはカエシがな

いため止めずに巻きあげよう。ただし早く巻きすぎると身切れするので注意。

活性が低い時に有効 潮の流れと反対に投入する

潮の流れに沿った方向にエギをキャストするのも有効だ。重要なのは潮の流れの方向に投入するということは、投入したエギの方向に船が進み、糸ふけができるので、ゆっくりロッドを立ててテンションを張らせること。船の進行が早い時はリールを巻いて糸ふけを調整しよう。エギを5〜7回シャクったあと、ステイさせる。船が潮に流れる自然の速度に合わせて、エギが水平になるイメージだ。この時のロッドは海面に対して水平にしておこう。

POINT 反応するのはステイのとき

ロッドをシャクった時のエギの動きによってイカに存在を気付かせるための動き。イカにエギを抱いてもらうのは、「ステイ」や「ストップ」の時だ。エギが海中で水平移動する糸出しを止めるその際に、ラインのテンションが張ってないとアタリが取れないので注意しよう。

+α シンプルなキャスティング

ティップランがフォールさせて釣るエギングに対して、キャスティングは通常の堤防の時と同様に投げて、フォールさせてシャクる。堤防でやるエギングをボートで行う感覚。ボートのため短めのロッドが扱いやすい。キャスティングは、遠くにキャストできるため、広範囲を狙える。

💬 アオリイカの甘味のもとは、グリシン、プロリン、アラニンなどの遊離アミノ酸が多く含まれるため。

アオリイカ 餌 ルアー ・ 堤防 船 砂浜 他

活き餌を使うヤエン釣りで
アオリイカを狙う

□ 活き餌を自由に中層まで泳がせつつ適度にラインで調整する

□ イカがアジを抱いたら、食うのを待つ

□ 焦って巻くとバレるのでしばし待つ

ヤエン釣りの仕掛けとタックル

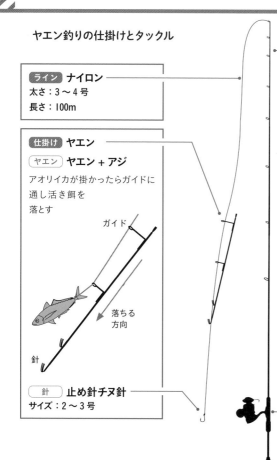

ライン **ナイロン**
太さ：3〜4号
長さ：100m

仕掛け **ヤエン**

ヤエン **ヤエン + アジ**

アオリイカが掛かったらガイドに
通し活き餌を
落とす

ガイド

落ちる
方向

針

針 **止め針チヌ針**
サイズ：2〜3号

竿 **磯竿**
長さ：1〜1.5号（4〜5m）

生きているアジを食わせるため、硬いロッドより柔らかい1〜1.5号などの磯竿がベスト。長さは堤防なら5m程度で、船やボートでは3.6〜4.5mの短いロッドがベスト。仕掛けに使うヤエンは大きく目立ち、昼間では視力のあるアオリイカは警戒されてしまうため、夜などがよく釣れる。

代用 **シーバスロッド**
8〜9ftのシーバスロッドでも可能だが、柔らかいものが良い。

リール **中型スピニング**
活き餌に重さがあったり、遠投することから小型より中型がおすすめ。ドラグは活き餌につられて鳴らない程度に緩めておく。

ひとめでわかる！ **タックル一覧**

💬 ヤエン釣りは、活き餌にアジのほか小型のボラでもよい。

Check! ヤエン釣りの流れ

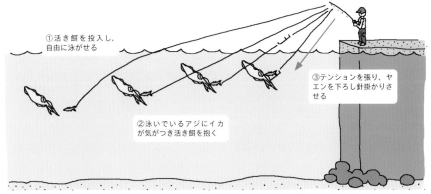

① 活き餌を投入し、自由に泳がせる

② 泳いでいるアジにイカが気づき活き餌を抱く

③ テンションを張り、ヤエンを下ろし針掛かりさせる

活き餌のアジは、警戒して潜らないものもいるが、ラインのテンションを張ると潜る。

活き餌のアジ頼み ヤエン釣り

ヤエン釣りとは、「ヤエン」という仕掛けを使って、活き餌（アジ）で釣る釣り。活き餌といってもやや弱っている魚はイカにとって絶好のターゲットとなる。

アジは道糸を尾に絡ませる（下図参照）。

生きたアジは、投入後中層に潜っていく。リールの糸を放出させておきしばらく自由に泳がせる。時々ストップさせて遠くに行かせないようにしておく。イカがアジを食べているか、アジの止め針にイカが掛かったと感じたら、ヤエンを投入する。この際、ラインにテンションが掛かっていないと投入しづらい。アジを抱いたアオリイカにヤエンが到着したら、ヤエンの重みで針がアオリイカの下まで潜り込み、アオリイカが食い込む。

アタリがあっても焦らずに 待つことが重要

アタリがあっても、エギと違って針がすぐにアオリイカに絡まないのでイカに活き餌を食わせるためにズシッと重くなってから数秒〜 30 秒は待とう。また活き餌のアジを正面から食っていなければ、フックに掛からないため焦って巻くとバレるので注意。

POINT ヤエンの投入がキモ

アジに掛かったアオリイカの下までヤエンをうまく潜り込ませるまでに逃げられてしまうことがある。ヤエンがスムーズにアジまで届くようラインのテンションを張ること、仕掛けを近くまで寄せるか、竿を立てればヤエンが落ちやすい。

+α 生きたアジの腹にオモリをつける

アジが潜ってくれない場合は、フック付きの針がついたオモリをアジの腹部に引っ掛けて重量を増すという手もあるが、アジの体を傷つけるため、すぐに弱る。弱って死んでしまった場合は底に落とし込んで釣るという方法もあるが、もちろん活きのいい餌の方がアオリイカは好む。

ヤエンは一人で行うより、同行者がいるとヤエンを投入してもらえたりしスムーズにやれる。

メバル

メバルは上方を見上げ餌を待つ 冬のシーズンが狙い目

□ 岩場に生息し、上方から降りてくる餌をじっと待機している

□ 目がよいので細いハリスを使用すると釣りやすい

□ 冬から早春によく釣れる

産卵シーズンの冬から 早春が釣りのシーズン

　メバルはクロメバル、アカメバル、シロメバルの3種。このほかにはウスメバル、トゴットメバルなど多くの種類があり、稀に釣れることもある。メバルは引きが強く釣りがいのある魚種。煮付けや唐揚げなど様々な調理法で美味しく食べられる人気魚種のひとつ。12～2月の産卵シーズンには4～6mm程度の仔魚を数万匹産む。産卵後は栄養を取るために餌を求めてよく食べるようになる。早春によく釣れるために春告魚といわれる。

年齢とサイズ（単位：cm）

	1歳	2歳	3歳	4歳	5歳
山田湾	8	13	17	18	19
瀬戸内	15	18	20	22	-

　生まれた仔魚は浮遊し、流れがある所の藻などにつくが5cm程度の大きさになると海底の岩場に住み着く。

メバルは目がよく 上方を見つめて餌を待つ

　成魚になると、底の岩場について斜め上方を見て静止した姿勢で餌をじっと待つ。上を見上げているからか、群れにいる仲間が横で釣り上げられても警戒せず動じないことも多い。餌が上方より落下してくると大きな目を動かしすぐに捕食可能か見分け、射程距離に入ったら大きな口で一気に食い込む。目がよいと考えられていることからハリスは細いほうがよいといわれる。

　小魚やエビ、貝や虫などを食べるが、噛み切れないサイズの小魚やエビは丸飲みする。捕食は反転型（P.43）で、餌を得た瞬間、体を反転し元の定位置に戻って、また静止する。餌は群れの中で体の大きいものから捕食する可能性が高い。

　メバル同様岩場につき、似たような餌を食べることからカサゴやギンポ、アイナメ、アサヒアナハゼなどが釣れることも。

📅 24 **Calendar**

地域によるが、冬から早春がよく釣れる。体の大きさが20cm程度のものが一番美味。

📍 **釣れるエリア**

琉球諸島を除く北海道南部以南

磯、堤防、沖合の岩礁
水深5～40m

　💬 江戸時代の学者は、目の大きさからヒキガエルが成長してメバルになると信じていたという。

目張 Sebastes inermis
めばる

❖ メバルの生態

分類　カサゴ目・フサカサゴ科・メバル属
捕食　小魚・端脚類・エビ・カニ類・巻貝 類・アミ類・ゴカイ類
全長　最大で 30cm 前後
地方名　メバル・黒メバル・ウキソ

大きな目
視力がよいといわれ、大きな目で上方を見つめる。

第1背ビレ

第2背ビレ

尾ビレ

受け口
やや下顎が上顎より突出している。

胸ビレ

腹ビレ 15 ～ 17 本

臀ビレ 7 ～ 8 本

体色
メバルは3種類（クロ、アカ、シロ）あるので、体色で見分けるのが一番分かりやすい。個体差がありなかなか見分けられない場合があるが、ヒレの本数で種類を見分ける。

クロ、アカ、シロのほか、明るい体色にはっきりとした斑点がある「トゴットメバル」なども釣れる。

種類	胸ビレ	釣れるエリア
クロ	16	磯、沖合、岩礁域
アカ	15	沿岸の岩礁域
シロ	17	湾内の岩礁域

HINT メバルと天候の関係

風や波がなく鏡のように真っ平らな海面を凪という。凪の日にメバルがよく釣れることから「メバル凪」ともいわれ、海が凪で潮がゆるやかに流れている時間帯を狙うと、仕掛けの先の針についた餌が自然な動きをするため、メバルが釣れやすくなる。

POINT メバルは夜行性でもある

東京湾では春から夏に夜間に出船する乗合船の「夜メバル」がある。また、メバルは夜も餌を食べるため、「メバルの夜遊び」ということわざは夜に活性するメバルのようだ、ということからきている。日中は障害物付近などで釣れるが、夜の堤防では常夜灯がある明るい場所で釣れやすい。

💬 メバルは雨の降り出す前や、風の吹く前なども察知してあまり餌を積極的に食べないことが多い。

メバル | 餌 ルアー ・ 堤防 船 砂浜 他

堤防のメバリングは夜は表層、昼は底を狙って釣る

- □一定の速度で巻くタダ巻きを基本に、沈ませたりアクションを加える
- □夜間は常夜灯だけでなく暗いエリアも狙うと大型のメバルが見込める
- □日中は低いタナにいるので沈むルアーのシンキングルアーなどで狙う

メバリングのタックル

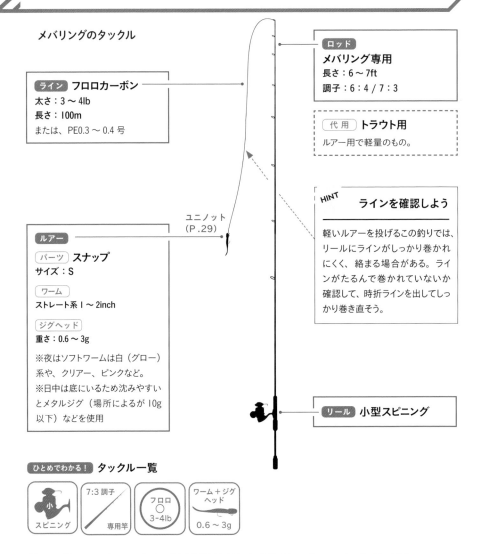

ライン フロロカーボン
太さ：3 〜 4lb
長さ：100m
または、PE0.3 〜 0.4 号

ルアー

パーツ スナップ
サイズ：S

ワーム
ストレート系 1 〜 2inch

ジグヘッド
重さ：0.6 〜 3g

※夜はソフトワームは白（グロー）系や、クリアー、ピンクなど。
※日中は底にいるため沈みやすいとメタルジグ（場所によるが 10g 以下）などを使用

ユニノット
（P.29）

ロッド
メバリング専用
長さ：6 〜 7ft
調子：6：4 / 7：3

代用 トラウト用
ルアー用で軽量のもの。

HINT ラインを確認しよう

軽いルアーを投げるこの釣りでは、リールにラインがしっかり巻かれにくく、絡まる場合がある。ラインがたるんで巻かれていないか確認して、時折ラインを出してしっかり巻き直そう。

リール 小型スピニング

ひとめでわかる！ タックル一覧

小 スピニング	7:3調子 専用竿	フロロ 3-4lb	ワーム＋ジグヘッド 0.6 〜 3g

💬 メバリングのラインは、PE だと飛距離が出るが、張りがあり絡みにくいフロロカーボンがおすすめ。

Check! メバリング

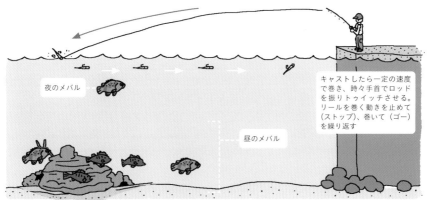

キャストしたら一定の速度で巻き、時々手首でロッドを振りトゥイッチさせる。リールを巻く動きを止めて（ストップ）、巻いて（ゴー）を繰り返す

夜のメバル

昼のメバル

昼のメバルは底にいて餌が通ったり落ちてくるのを待ち構えている

メバルは夜になると表層へ上がり、軽いワームで釣り上げられる

「メバリング」は昼主体ではなく夜がメインの近年人気の釣り。メバルは日中は底にいて、上向きで目を凝らし獲物を待っているが、夜は表層へと浮かんでくる。メバリングはその浮上してくるメバルを釣る方法。1〜2gが特徴の軽いソフトルアー（ワーム）で釣る。オモリの役割を果たすジグヘッドにワームを装着し、穂先から30cm程糸を出してキャストすると、ロッドの反発力で遠くに飛ぶ。キャストし着水後、やや沈めて基本的にはゆっくりと一定の速さで巻く「リトリーブ＝タダ巻き」をする。手応えがなければ、ロッドを手首のスナップで操作し、ルアーをチョンチョンと動かしてみよう。

昼と夜のメバリング 違いはサイズにあり

常夜灯に照らされた明るいエリアに小型のメバルが多いが、暗いエリアでは、大型のメバルが見込める。また暗いエリアから明るいエリアの境目があるようなところは釣れる可能性が高い。メタルジグを底に落としてシャクりつつ探ってみよう。日中は低いタナや陰になる部分、障害物の裏に隠れていたりするので、沈むルアー（P.21）のシングルペンシングやマイクロミノー、水深がある場合は、沈むのが速いメタルジグを使うと釣りがしやすい。ワームを使う場合は大きさはそのままで、ジグヘッドの重さを変えるのも手。ワームにも浮力や抵抗があるので切ることで沈むスピードを調整できる。

POINT 飛距離を出すなら

ワームとシンカーを分ける「キャロライナリグ」の応用版、メバキャロという釣具を使えば飛距離が出せる。遠投するなら、メバキャロを使ってみよう。

ウキ止めゴム
メバキャロ　20-40cm

+α ライントラブルを避けるには

手元が見えにくい夜は糸が切れたり絡んだりといった「ライントラブル」が起こりやすい。特にメバリングに使用するPEラインは張りがなく軽いため、風がある時や潮が速い時などは向かない場合もある。条件が悪い昼や、夜はフロロカーボンに変えるなどの工夫をしてみよう。

💬 メバルのトゲには気をつける。締める時や、針を外すなど、掴む時はメゴチバサミやグローブを使おう。

メバル
餌 ルアー ・ 堤防 船 砂浜 他

船からのメバル釣りでは数釣りが期待できる

□ 激しいアクションは厳禁

□ 餌を自然に潮に乗せてふわふわさせるイメージで誘う

□ 根掛かりしないように、底を取ったらすぐに上げる

メバル釣りのタックル

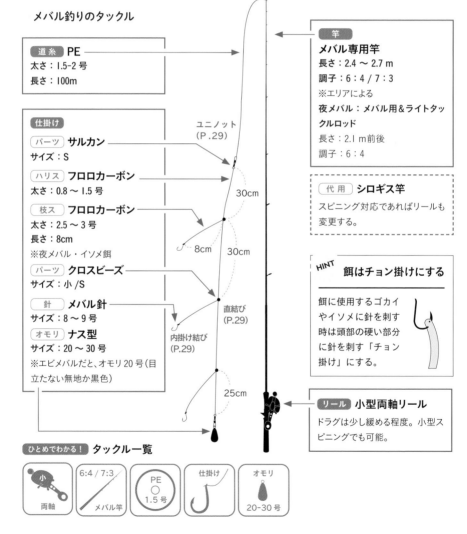

道糸 PE
太さ：1.5-2 号
長さ：100m

仕掛け

パーツ サルカン
サイズ：S

ハリス フロロカーボン
太さ：0.8 ～ 1.5 号

枝ス フロロカーボン
太さ：2.5 ～ 3 号
長さ：8cm
※夜メバル・イソメ餌

パーツ クロスビーズ
サイズ：小 /S

針 メバル針
サイズ：8 ～ 9 号

オモリ ナス型
サイズ：20 ～ 30 号
※エビメバルだと、オモリ20 号(目立たない無地か黒色)

ユニノット
(P.29)

30cm

8cm 30cm

直結び
(P.29)

内掛け結び
(P.29)

25cm

竿 メバル専用竿
長さ：2.4 ～ 2.7 m
調子：6：4 / 7：3
※エリアによる
夜メバル：メバル用＆ライトタックルロッド
長さ：2.1 m前後
調子：6：4

代用 シロギス竿
スピニング対応であればリールも変更する。

HINT 餌はチョン掛けにする

餌に使用するゴカイやイソメに針を刺す時は頭部の硬い部分に針を刺す「チョン掛け」にする。

リール 小型両軸リール
ドラグは少し緩める程度。小型スピニングでも可能。

ひとめでわかる！ タックル一覧

両軸 小	メバル竿 6:4 / 7:3	PE 1.5 号	仕掛け	オモリ 20-30 号

💬 東京湾では、日中のメバル釣りは小型の活きエビを使い、夜メバルはイソメを 10㎝前後で使用する。

Check! 船のメバル釣りの流れ

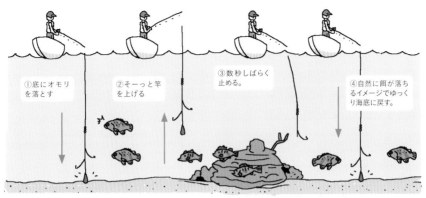

①底にオモリを落とす

②そーっと竿を上げる

③数秒しばらく止める。

④自然に餌が落ちるイメージでゆっくり海底に戻す。

手応えがない場合に③竿を上げたまま止めてみる。

体を傾け上を眺める習性を利用する

メバルは海底にある岩の斜面に対し平行に身体を傾けて、上方にいる餌を見ている。この習性を利用した船釣りがおすすめ。堤防釣りと同様昼夜いずれも釣ることができる。

餌はエビエサ、ゴカイやイソメを用いる。ゴカイやイソメの場合は3〜4cmにカットし針にチョン掛け。東京湾では日中は小型の活きエビを使い、夜に出船する通称「夜メバル」では青イソメを10cm前後の長さで使用する。

仕掛けを投入したら、オモリを底まで落とし、時々そーっと竿を上下させる。アタリがあったら、メバルの方から針掛かりしてくるのでアワセる必要はない。しばらく何もアタリがなければもう一度底にオモリを落とす。メバル釣りは誘いもシンプルなため、釣れないようなら餌の原因が考えられる。餌がなくなっていないか、弱っていないかなど、気になったら確認をしよう。

潮の流れがある時は、仕掛けが流されて、隣の人と糸が絡んだりするオマツリを避けるためにこまめに入れ直す。乗合船ではオモリの重さが統一されているが、ボートの場合はオモリを重くし沈下スピードを早めてみよう。

メバルが生息するのは海底なので、根のある場所で根掛かりしやすいが、オモリが底に着いたらすぐにリールを少し巻き、仕掛けを上げれば多少は避けられる。

POINT アタリのあとふわっと軽くなる

アタリの後、ふわっと軽くなってからグイと引きがある時がある。これはメバルが餌に気がつきくわえたものの、すぐに体を反転させない場合だ。アタリがあったからと焦ってアワセるとバレるが、焦らずに、メバルから針掛かりしてくるのを待てばよい。

+α 多点掛けに挑戦する

船のメバル釣りは、一つの仕掛けに複数の魚が掛かる「多点掛け」を挑戦しやすい。一匹掛かったら少し竿を上げて待つ。掛かったメバルの動きで、仕掛けの他の針に付けた餌が動き、その餌に別のメバルが食い付いて針掛かりする。

サバ

サバは勢いよく針掛かり 釣ったら即締めることが重要

- □ 群れで泳ぐ回遊魚
- □ カタクチイワシなど小魚をメインに食べる
- □ 釣ったら首折りかエラに刃を入れ、即締める

暖流を広範囲で泳ぐ 回遊魚のサバ

サバは基本的に通年釣れる魚で、マサバとゴマサバ、タイヘイヨウサバの3種類がある。日本海側では東シナ海から日本海北部に分布する対馬海流に、太平洋側では伊豆諸島、太平洋南部沿岸域と日本のほぼ全域に生息する。産卵時期は水温が上がる春から夏。寿命は7～8歳で、3歳で成熟する。

年齢とサイズ（単位：cm）

1歳	2歳	3歳	4歳	5歳
24	31	35	37	40

サバは群れで海を巡り、小魚を食べて生きている回遊魚。ちなみに回遊魚はほかにマグロ、ヒラマサやカンパチなどがある。船の餌釣りではメインターゲットというよりも、さまざまな魚を釣る五目釣りのひとつや、アジのビシ釣り（P.104）で"外道"として釣れる。ルアーフィッシングでも同様の扱い。

サバは針を掛けたあと、釣ったあとのプロセスが重要

主な餌はカタクチイワシなどの小魚で、イワシの大群によってできる鳥山（P.36）が発生した場所にルアーを投げればサバが掛かる確率は非常に高い。餌に対して貪欲なため、釣りやすい。

掛かったら素早い動きで泳ぎまわるので、特に船釣りの場合はすぐ引き揚げないとオマツリ（P.47）になり周囲に迷惑をかけることもあるので、注意したい。

引き揚げた後は、「サバの生き腐れ」と言われるほどすぐに身が悪くなる。水温が高い場所が多いおかっぱや海釣り公園では首折りやエラに刃を入れて絶命させずにバケツで血抜きをし、氷で冷えた海水が入ったクーラーボックスですぐに保冷する。

サバを通して締める方法を覚えれば、他の魚にも応用できる。そういった意味でもビギナー向きの魚といえる。

📅 24 Calendar

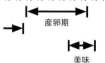

| 1月 2月 3月 4月 5月 6月 7月 8月 9月 10月 11月 12月 |
| 産卵期 |
| 美味 ※マサバ |
| 美味 ※ゴマサバ |

マサバは通年釣れる。身に脂がのっている10～1月は非常に美味。これらは秋サバ、寒サバと呼ばれる。夏はゴマサバがシーズン。脂がのりマグロの大トロのような美味しさから「トロサバ」として市場価値が高い。

📍 釣れるエリア

琉球諸島を除く北海道南部以南

水深5～40m

💬 サバは年々漁獲量が減り、資源回復のため水産庁が2014年から制限をかけるようになった。

サバ Scomber

❖ マサバ（真鯖）の生態

分類　　スズキ目・サバ科・サバ属
捕食　　小魚
全長　　最大が50cm前後
地方名　ホンサバ、ヒラサバ、ヒラス、ローソクサバ（小型のもの）

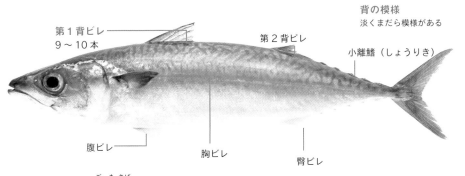

第1背ビレ
9〜10本

第2背ビレ

背の模様
淡くまだら模様がある

小離鰭（しょうりき）

腹ビレ

胸ビレ

臀ビレ

❖ ゴマサバ（胡麻鯖）の生態

分類　　スズキ目・サバ科・サバ属　　　全長　　最大が50cm前後
捕食　　カタクチイワシやオキアミ　　　地方名　マルサバ、ホシグロ、ゴマ

第1背ビレ
10〜13本

腹の模様
腹にも淡くまだら模様
があるのが特徴

HINT　鮮度を保つためのサバの首折り

エラに指を入れて
背骨側に折り、頭
からバケツに入れ
ておくと血抜きが
できる。サバ折り、
首折りといわれる。

サバの首折り

POINT　生き腐れは酵素による「自己消化」

生き物が死ぬと腐敗が始まる。腐敗は、身に含
まれるアミノ酸の一種、遊離ヒスチジンがヒス
タミンとなることで起こる。ヒスタミンは多量
摂取でじんましんや吐き気などのアレルギー反
応を起こすことも。それを防ぐためにも、サバ
を釣ったら即締めることが望ましい。

💬 サバは締め方と保冷方法で味が大きく変わる。サバの締め方は、釣り方と同じくらい習得すべきことなのだ。

37

LEVEL
★★☆☆☆

サバ

餌 ルアー ・ 堤防 船 砂浜 他

堤防から投げ釣りをするには
付け餌にオキアミを使う

- □ 堤防では潮周りが良い場所を選ぶ
- □ 針先にオキアミをつけると大型が狙える
- □ 投げ釣りなら広範囲を探れる

堤防でサバを釣るタックルと仕掛け

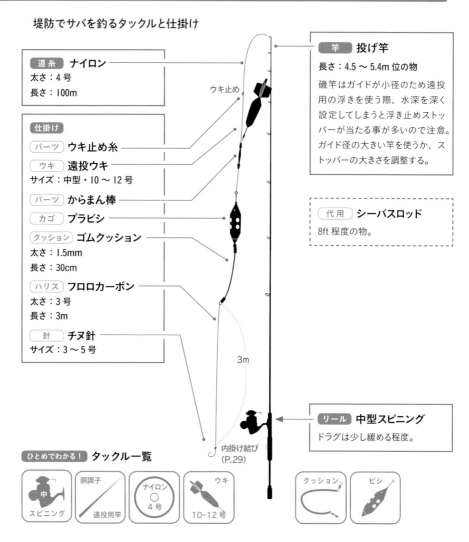

| 道糸 ナイロン |
| 太さ：4 号 |
| 長さ：100m |

ウキ止め

| 仕掛け |
| パーツ ウキ止め糸 |
| ウキ 遠投ウキ |
| サイズ：中型・10 ～ 12 号 |
| パーツ からまん棒 |
| カゴ プラビシ |
| クッション ゴムクッション |
| 太さ：1.5mm |
| 長さ：30cm |
| ハリス フロロカーボン |
| 太さ：3 号 |
| 長さ：3m |
| 針 チヌ針 |
| サイズ：3 ～ 5 号 |

3m

内掛け結び
(P.29)

竿 投げ竿

長さ：4.5 ～ 5.4m 位の物

磯竿はガイドが小径のため遠投用の浮きを使う際、水深を深く設定してしまうと浮き止めストッパーが当たる事が多いので注意。ガイド径の大きい竿を使うか、ストッパーの大きさを調整する。

代用 シーバスロッド

8ft 程度の物。

リール 中型スピニング

ドラグは少し緩める程度。

ひとめでわかる！ タックル一覧

| スピニング | 胴調子 遠投用竿 | ナイロン ○ 4号 | ウキ 10-12 号 | クッション | ビシ |

💬 サバは釣り上げた後も激しく動くので、手ぬぐいなどがあるとよい。

Check! 堤防でのサバ釣りの方法

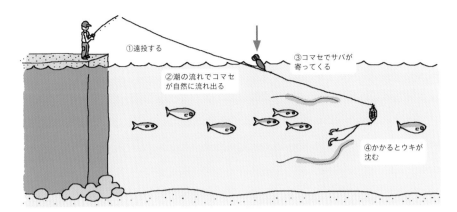

①遠投する

②潮の流れでコマセが自然に流れ出る

③コマセでサバが寄ってくる

④かかるとウキが沈む

基本の釣り方はサビキ 大型を狙うなら遠投

サバを最も手軽に釣るには堤防で潮回りがいい場所（P.40）を選んで手近な距離で釣るサビキ釣り（P.98）が最適。針は大きいサイズ（5号程度）を選び、オキアミの付け餌をすると大型のサバが釣れる可能性がある。

足元で釣るサビキ釣りに対して遠投できる投げ釣りであれば、幅広い範囲で探ることができる。投げ釣りの場合、仕掛けの先の針

仕掛け
サビキの仕掛け、ウキもセットの遠投用の仕掛けを用意しておくとよい。（マルキュー）

プラビシ
円筒が二重になっており、ずらすと穴から中につめた撒き餌が出る仕組み

にオキアミを付けて、プラビシにコマセを8分目まで入れる。コマセを詰めすぎると海中でうまく出ない。また、コマセカゴの穴を開けすぎると投げた時に勢いで穴から出てしまうので注意する。

オキアミは尾をカットして腹部から針が出る状態にして付けておく。海中で不自然に回転しないので、オキアミのシルエットはまっすぐになる状態にしておく。

竿を投げて仕掛けを投入し、着水後、ウキが沈んだら魚が掛かっているので引き上げよう。堤防の高さがあるようなら魚を手前まで寄せてすくい上げるタモがあるとよい。

基本的にはサバは中層から中層より少し上にいる。釣れないようならウキの位置を変えるなどして探ってみよう。

POINT アワセる必要はない

回遊魚であるサバは泳ぎ回りながら餌を捕食する。回遊してサバがいる場所に餌があればガツっと食ってくる。そのため、誘って釣るなどの繊細なやりとりはない。タフなサバは抵抗し暴れ泳ぐので、すぐに引き上げよう。

+α サバはルアーでも釣れる

サバはルアーでも釣れる魚。メタルジグやミノーを付けてイワシの群れや鳥山に投げれば釣れることがある。また、サバが近くに寄っているようなら、ソフトルアーとジグヘッドの組み合わせも効果的。

38
LEVEL
★★☆☆☆

カワハギ

カワハギは口が小さいため
繊細なアタリに集中して釣る

- □ 底の砂利に水を吹きかけ散らして餌を探している
- □ 口が小さく、歯が硬い。アワセは難しい
- □ 僅かに仕掛けを動かしつつ向こうアワセにする

密集して群れないが
低水温、台風時は群れる

カワハギは、5〜8月が産卵期。孵化後2週間程度で藻が多くある場所につき、成長するに従って少しずつ岩礁と砂地が入り混じる深い海底へ移動する。成魚になると基本的には群れないが、水温が下がる季節や台風の時などは群れる習性がある。体が軽いため、流されないように海藻などを口にくわえて眠る習性があるので夜は釣れない。底魚のベラ（P.95）と同様に、口に含んだ水で底の砂利を散らして砂利の中に生息する虫や貝などを食べている。

年齢とサイズ（単位：cm）

1歳	2歳	3歳	4歳	5歳
15	20	25	30	

「餌取り名人」と呼ばれる理由は
背ビレと臀ビレにある

カワハギは他の多くの魚のように早く泳ぐこともできるが、上下の背ビレと臀ビレを動かし海中で静止した状態で餌をついばむこともできる。器用な口先と歯を使い、餌の動きに合わせて上下に移動して少しずつ餌をかじるため、アタリがわからず気がつけば餌だけ取られてしまうことも。

コツコツと硬いアタリを感じたらカワハギのアタリ。カワハギが頑丈で硬い歯で餌をかじっている。アワセるのは難しいため、仕掛けを僅かに動かすことで餌をかじるタイミングをずらして向こうアワセで待とう。

カワハギは好奇心が強く、落ちてきた餌などにはすぐに様子を見にいく。光（色）を感じたり砂利が舞うと、餌なのではと寄って来る。その習性を逆手にとった集魚板（P.90）などの仕掛けや派手な色のオモリを取り入れ、潮の状態に合わせてカワハギに餌に気がついてもらうようにアピールするのがキモ。餌は、ただ静止させるのではなく、ちょっとした動きをさせることで針掛かりをよくする。

24 Calendar

```
1  2  3  4  5  6  7  8  9  10 11 12
月 月 月 月 月 月 月 月 月 月  月  月
              産卵期
美味              美味
```

通年釣れるが、サイズが大きく、肝がパンパンに膨らんでいる「肝パン」を狙った秋口がおすすめ。肝が大きいのは寒い時期の11〜2月。カワハギの肝は新鮮でないと食べられない。

📍 釣れるエリア

琉球諸島を除く北海道南部以南の沿岸部

砂地 3〜20m

💬 カワハギの肝には、寄生虫のアニサキスがいることがあるので肝醤油をする時は包丁でよく叩く。

皮剥 <small>かわはぎ</small> Thread-sail filefish

❖ カワハギの生態

分類　フグ目・カワハギ科・カワハギ属
捕食　甲殻類、貝類、多毛類、海藻類など
全長　最大で 35cm 程度
地方名　ハゲ、丸（本）ハゲ、こげ、丸ちゅーかー

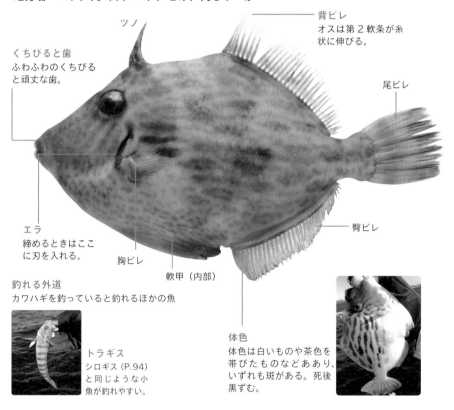

ツノ

背ビレ
オスは第 2 軟条が糸状に伸びる。

尾ビレ

くちびると歯
ふわふわのくちびると頑丈な歯。

エラ
締めるときはここに刃を入れる。

胸ビレ

軟甲（内部）

臀ビレ

釣れる外道
カワハギを釣っていると釣れるほかの魚

トラギス
シロギス（P.94）と同じような小魚が釣れやすい。

体色
体色は白いものや茶色を帯びたものなどああり、いずれも斑がある。死後黒ずむ。

HINT
高級食材のカワハギ

沿岸部にいるカワハギは比較的釣りやすい魚だがフグのような美味しさで、高級食材の扱い。しかし実は、料亭などで使われているカワハギは養殖でしっかりと脂がのり肝が大きいものが使われている。天然で脂がのっているカワハギを釣るには、11 〜 2 月がよい。

POINT **カワハギのソックリさん**

カワハギに似ている、ヒレが青っぽい「ウマヅラハギ」は中層に生息する。カワハギ釣りにたまに交じって釣れる。味はカワハギに比べやや水っぽい。瀬戸内では専用の船も出ている。

💬 形が似た尾ビレが長いソウシハギは消化管や肝臓に猛毒を持っている。持ち帰る前にチェックが必要。

カワハギ　　　餌 ルアー ・ 堤防 船 砂浜 他

タタキ釣り→聞き合わせ釣り→宙釣りで外道を避けて釣る

- □ 聞き合わせ釣りに反応がなければタタキ釣りに変更する
- □ 聞き合わせ釣り、タタキ釣りに合う仕掛けを使う
- □ 外道が多く釣れてしまう場合は、宙釣りで外道を避ける

カワハギ釣りの基本のタックルと仕掛け

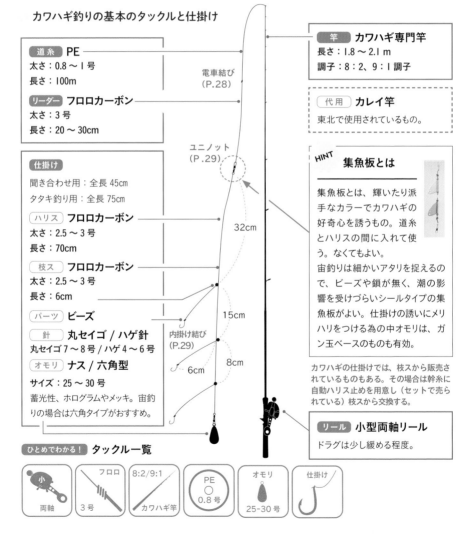

道糸 PE
太さ：0.8 ～ 1 号
長さ：100m

リーダー フロロカーボン
太さ：3 号
長さ：20 ～ 30cm

電車結び
(P.28)

ユニノット
(P.29)

仕掛け
聞き合わせ用：全長 45cm
タタキ釣り用：全長 75cm

ハリス フロロカーボン
太さ：2.5 ～ 3 号
長さ：70cm

枝ス フロロカーボン
太さ：2.5 ～ 3 号
長さ：6cm

パーツ ビーズ

針 丸セイゴ / ハゲ針
丸セイゴ 7 ～ 8 号 / ハゲ 4 ～ 6 号

オモリ ナス / 六角型
サイズ：25 ～ 30 号
蓄光性、ホログラムやメッキ。宙釣りの場合は六角タイプがおすすめ。

32cm
15cm
8cm
6cm

内掛け結び
(P.29)

竿 カワハギ専門竿
長さ：1.8 ～ 2.1 m
調子：8：2、9：1 調子

代用 カレイ竿
東北で使用されているもの。

HINT
集魚板とは

集魚板とは、輝いたり派手なカラーでカワハギの好奇心を誘うもの。道糸とハリスの間に入れて使う。なくてもよい。
宙釣りは細かいアタリを捉えるので、ビーズや鎖が無く、潮の影響を受けづらいシールタイプの集魚板がよい。仕掛けの誘いにメリハリをつける為の中オモリは、ガン玉ベースのものも有効。

カワハギの仕掛けでは、枝スから販売されているものもある。その場合は幹糸に自動ハリス止めを用意し（セットで売られている）枝スから交換する。

リール 小型両軸リール
ドラグは少し緩める程度。

ひとめでわかる！ タックル一覧

小 両軸	フロロ 3号	8:2/9:1 カワハギ竿	PE 0.8号	オモリ 25-30号	仕掛け

竿は、9：1 調子（先調子）のものにすると誘い上げ、誘い下げなどの動作が細かく行える。

激しいタタキ釣りからの シンプルな聞き合わせ釣り

タタキ釣りは、糸のテンションが張った状態でオモリを底に落とし、オモリが浮かないように手首を動かす要領で竿を上下に細かく動かし、5秒程度海底を叩く。糸のテンションが「張って緩む」という状態を繰り返すイメージだ。　タタキ終わったら糸にテンションを張った状態で5秒ほど止める。この止まった時に食いついてくるのを狙うのが聞き合わせ釣りだ。アタリが少なければタタく時間と止める時間を長めに配分しよう。　タタキ釣りは、聞き合わせ専用の仕掛けよりも少し長めのものを使おう。

Check!　タタキ釣りと聞き合わせ釣り

①オモリを着底させる

②オモリを浮かさず、竿を細かく5秒程上下させる

タタキ釣りの後、少し止めて食わせる間を作る

POINT アサリの付け方

①針を水管に刺す

②針をひねって全体が針に絡むようにする

③膨らんでいる部分のワタに針先を納める

▶ 動画でチェック！
https://www.youtube.com/watch?v=h0CV7Js7HXw

外道を避けて 大きいサイズを狙える宙釣り

カワハギは基本的に底にいるが、水温が高い時などは、タナより少し上にいる場合がある。底で反応がない時は、オモリを浮かしてタナよりも少し上の層を狙う宙釣りをしてみよう。オモリが浮いた状態で動きを止め、コツコツとアタリがあったら竿先を軽く上げてアワセる。アタリがあっても掛かりにくい時は竿先を下げながら、カワハギを一旦追わせる。アタリがあったら竿先を素早く上げてアワセる。反応がない場合は、かなりゆっくりとおろすなどの動きをくわえて誘う。底に外道が多過ぎると餌を外道に取られるが、宙釣りであればそれらを多少は回避できる。

Check!　宙釣り

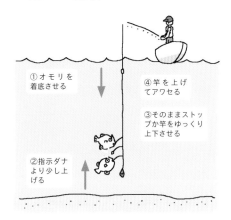

①オモリを着底させる

④竿を上げてアワセる

③そのままストップか竿をゆっくり上下させる

②指示ダナより少し上げる

+α 針から外れないように釣るには

針からカワハギが外れてしまうことが多い場合は、まず仕掛けの針の形状と、針のサイズを確認しよう。針の形状が同じでも、ハゲ針のように針がねじってあるものなど、作りが違うものを試してみよう。また、針とハリスの硬さのマッチングはどうかなど針から仕掛けの検討をしてみよう。

40

LEVEL
★★★★☆

カワハギ 　餌 ルアー ・ 堤防 船 砂浜 他

タルマセ釣りとハワセ釣りで
針掛かりをよくしてバラしを防ぐ

□ 仕掛けの上に中オモリを付ける中オモリにアタリが響く

□ カワハギの食いが渋い時に有効、潮が速い時は NG

□ ハワセ釣りはアタリがとれなく上級者向け

カワハギのタルマセ釣りとハワセ釣りの
タックルと仕掛け

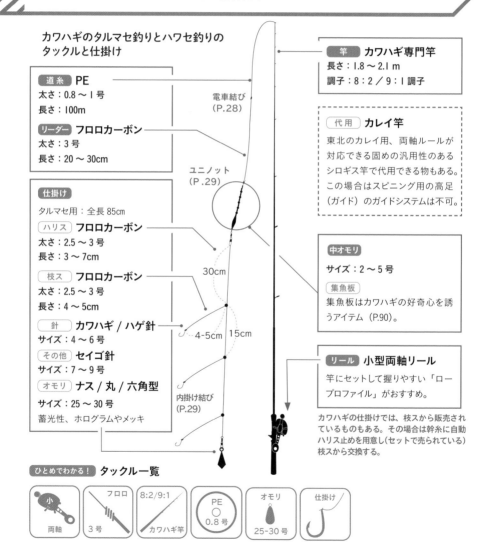

道糸 PE
太さ：0.8 〜 1 号
長さ：100m

リーダー フロロカーボン
太さ：3 号
長さ：20 〜 30cm

電車結び
(P.28)

ユニノット
(P .29)

仕掛け
タルマセ用：全長 85cm

ハリス フロロカーボン
太さ：2.5 〜 3 号
長さ：3 〜 7cm

枝ス フロロカーボン
太さ：2.5 〜 3 号
長さ：4 〜 5cm

針 カワハギ / ハゲ針
サイズ：4 〜 6 号

その他 セイゴ針
サイズ：7 〜 9 号

オモリ ナス / 丸 / 六角型
サイズ：25 〜 30 号
蓄光性、ホログラムやメッキ

30cm

4-5cm 15cm

内掛け結び
(P.29)

竿 カワハギ専門竿
長さ：1.8 〜 2.1 m
調子：8：2 ／ 9：1 調子

代用 カレイ竿
東北のカレイ用、両軸ルールが
対応できる固めの汎用性のある
シロギス竿で代用できる物もある。
この場合はスピニング用の高足
（ガイド）のガイドシステムは不可。

中オモリ
サイズ：2 〜 5 号

集魚板
集魚板はカワハギの好奇心を誘
うアイテム（P.90）。

リール 小型両軸リール
竿にセットして握りやすい「ロー
プロファイル」がおすすめ。

カワハギの仕掛けでは、枝スから販売され
ているものもある。その場合は幹糸に自動
ハリス止めを用意し(セットで売られている)
枝スから交換する。

ひとめでわかる！ タックル一覧

小 両軸	フロロ 3 号	8:2/9:1 カワハギ竿	PE 0.8 号	オモリ 25-30 号	仕掛け

　💬 8：2 調子は汎用性があるが、アワセを重視したい繊細な動きをしたい場合は 9：1 調子がよい。

タルマセ釣りは潮の流れを利用し違和感ない動きで誘う

カワハギの食いがあまりよくない時は、間を作って食わせるタルマセ釣りがおすすめ。

釣り方は仕掛けを投入し、下オモリが着底したら竿先を下ろし、タタキを入れてから、そっと中オモリを沈める。中オモリと下オモリの間にあるハリスをタルマセたらしばらく待つ。このハリスは潮の流れに乗って自然と揺れ、違和感ない動きでカワハギを誘うことができる。中オモリから手元まではラインのテンションが張っているのでカワハギが食ったらアタリが響く。アタリが来たら竿を上げて針掛かりさせる。周囲に根や岩などがあると仕掛けが流され根掛かりするので潮が速い時はこの釣り方は NG だ。

タルマセを応用したハワセ釣りはカワハギの習性を利用した釣り

カワハギは底にある餌を探して食べる習性がある。タルマセ釣りを応用し、よりタルマセて仕掛けを底に這わせるハワセ釣りにもチャレンジしよう。ハワセ釣りのメリットは餌が底につくことから、カワハギが頭を下に向けた状態になる。そのため通常の釣り方よりも針掛かりがよくなると考えられている。ただハワセ釣りは仕掛けを底に這わせているため、アタリが取れないのが難点。ハワセからタルマセに戻る時にやや重く感じたら竿先をすぐに上げてアワセよう。這わせた時に一番上の針にトラギス等が掛かるようならきちんと這っている証拠。

Check! タルマセ釣り

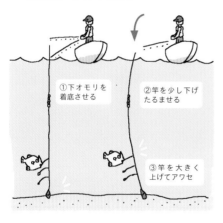

①下オモリを着底させる

②竿を少し下げたるませる

③竿を大きく上げてアワセ

Check! ハワセ釣り

①下オモリを着底させる

②竿を大きく下げて下オモリを底に這わせる

※アタリはないので竿を上げて確認

POINT 釣り方を組み合わせる

ハワセ釣りはカワハギがあまり食べない時に試したい釣り方だが、食いの間に外道が釣れることが多くなってしまう。どうしても外道ばかり釣れるようなら、誘いを少なくしたり、目立つ集器を外す、もしくは針のカラーを暗い色にしてみよう。

+α カワハギ竿は吟味しよう

カワハギ釣りはテクニック次第で釣果が上がる人気の釣り物。道具などに凝る人も多く「針が変われば竿が変わる。針が変わると、仕掛けが変わり、それに見合う竿も変わる」と言われるほど、細分化されている。いろいろな釣り方を試してみて釣り方に合った竿を選ぼう。

ハワセ釣りやタルマセ釣りは繊細なカワハギのアタリがつかみにくく、やや上級者向け。

シロギス
シロギスは底で餌を吸い込み捕食する

□ 産卵期の春から夏がベストシーズン
□ 底から6cm〜20cm程度の層でややうつむき加減に小群れで泳いでいる
□ 捕食は吸い込み型、水温が低いと活性が悪い、夜間は釣れない

海底を小群れでうつむき加減で泳ぐ

産卵期は6〜9月。島根県では6月下旬〜7月上旬、相模湾では7月、東北では8〜9月が盛んに産卵する。産卵の時期は群れる習性がある。

基本的に秋から冬に沖合へ移動して冬を越し、春から夏に沿岸域に接岸して索餌する。シロギスが産卵期で浅い場所に来る時が釣りのシーズンだ。

年齢とサイズ（単位：cm）

	1歳	2歳	3歳	4歳
相模湾	15	20	23	25
瀬戸内海	10	13	16	17

日中は5〜6匹の小さい群れで海底の低い位置（6cmより上、20〜30cmがメイン）を例外的に潮に逆らって泳ぎ、うつむき加減に遊泳する。潮に乗って泳いでいる時は普段より高めの位置で泳ぐ。捕食は吸い込み型で、主にゴカイなどを食べる。捕食活動は水温が低いとあまり行わない。シロギスが針に掛かった感触があったら次のアタリを取る感じでワンテンポ置いてから巻こう。合わせは厳禁。夜になると顔だけ出して砂の中に潜って眠るため、夜間はあまり釣れない。危険を察知すると昼間でも砂に潜って隠れる習性がある。海底は肉食のヒラメも潜んでおり、シロギスはヒラメのターゲット。シロギスを釣って餌にし、ヒラメを釣る人もいる。

東京湾では幻のアオギス

江戸前のハゼ（P.56）と同じく天ぷらや刺身で親しまれて来たシロギス。江戸時代から庶民のレジャー・幾須子(キスゴ)釣りとして人気があった。東京湾ではアオギスという少し黒みがかった仲間が生息していたが水質や環境変化により東京湾では既に絶滅したと考えられ、幻の魚となった。アオギスは現在、大分県、鹿児島県、山口県の一部のみに生息する。

📅 24 Calendar

1月 2月 3月 4月 5月 6月 7月 8月 9月 10月 11月 12月

産卵期

美味

通年釣れるが、水温が上がる初夏から秋に産卵のために浅場に移動するので夏が釣りのシーズン。夏は砂浜（サーフ）から投げ釣りで狙うこともできる。

📍 釣れるエリア

北海道南部以南の沿岸部

砂地 3〜20m

💬 シロギスは、江戸時代では徳川将軍の朝食に欠かせない魚だったという。

白鱚 しろぎす Sillago japonica

❖ シロギスの生態

分類　スズキ目・キス科・キス属
捕食　ゴカイなど
全長　最大で 30cm
地方名　キスゴ・ホンギス・アカギス

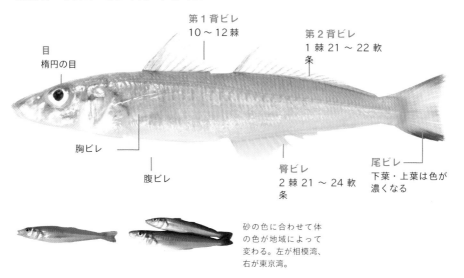

目
楕円の目

第1背ビレ
10 〜 12 棘

第2背ビレ
1 棘 21 〜 22 軟
条

胸ビレ

腹ビレ

臀ビレ
2 棘 21 〜 24 軟
条

尾ビレ
下葉・上葉は色が
濃くなる

砂の色に合わせて体
の色が地域によって
変わる。左が相模湾、
右が東京湾。

シロギス釣りで釣れるその他の魚（外道）
シロギス釣りでは仲間の底魚が釣れることも。トラギス、ベラも美味しく食べられる。

トラギス（オキトラギス）

トラギス（クラカケトラギス）

キュウセン（ベラ）オス

ベラ（ホシササノハベラ）

ᴴᴵᴺᵀ 外道のクサフグを回避するには

砂浜の投げ釣りの場合、ほぼクサフグに食われ
てしまう場合がある。クサフグは毒があり食べ
られないので海に戻そう。クサフグを釣らない
ようにするには、クサフグが追ってこられない
スピードで、少し早めのスピードでリールを巻
くことが大切である。

POINT リリースの目安は 12cm 以下

シロギスも年々漁獲量が減っており、一部で
は産卵期には釣りを規制するなどの措置や、
12cm 以下の小型は海に戻すなどして資源回
復を目指す地域もある。負傷の状態や、個人の
判断にもよるが、小さめのシロギスをリリース
する基準として 12cm はひとつの目安になる。

💬 アオギスは警戒心が強く、船の影を嫌うことから脚立を立てた釣りが風物詩だった。

シロギス 餌 ルアー ・ 堤防 船 砂浜 他

船釣りで天秤を使って アンダーハンドキャストで広く探る

□ 船では天秤、または胴付き仕掛けで釣る

□ 天秤を使用すると、アンダーハンドキャストで投げられ広範囲を探れる

□ 投げる場合はヨブを狙う

天秤仕掛けを利用したタックル

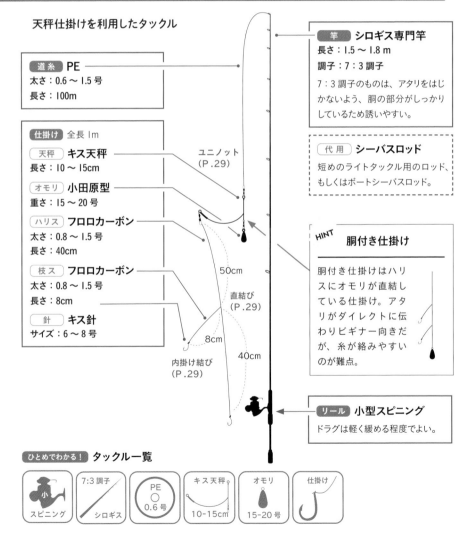

道糸 **PE**
太さ：0.6 ～ 1.5 号
長さ：100m

仕掛け 全長 1m

天秤 **キス天秤**
長さ：10 ～ 15cm

オモリ **小田原型**
重さ：15 ～ 20 号

ハリス **フロロカーボン**
太さ：0.8 ～ 1.5 号
長さ：40cm

枝ス **フロロカーボン**
太さ：0.8 ～ 1.5 号
長さ：8cm

針 **キス針**
サイズ：6 ～ 8 号

ユニノット
(P.29)

直結び
(P.29)

50cm

8cm

内掛け結び
(P.29)

40cm

竿 **シロギス専門竿**
長さ：1.5 ～ 1.8 m
調子：7：3 調子

7：3 調子のものは、アタリをはじ
かないよう、胴の部分がしっかり
しているため誘いやすい。

代用 **シーバスロッド**
短めのライトタックル用のロッド、
もしくはボートシーバスロッド。

HINT **胴付き仕掛け**

胴付き仕掛けはハリ
スにオモリが直結し
ている仕掛け。アタ
リがダイレクトに伝
わりビギナー向きだ
が、糸が絡みやすい
のが難点。

リール **小型スピニング**
ドラグは軽く緩める程度でよい。

ひとめでわかる！ **タックル一覧**

小 スピニング	7:3 調子 / シロギス	PE ○ 0.6 号	キス天秤 10-15cm	オモリ 15-20 号	仕掛け

天秤にパイプが使われているものは投げ釣り用の仕掛け。

Check! 天秤仕掛けの動かし方

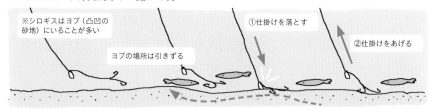

※シロギスはヨブ（凸凹の砂地）にいることが多い

ヨブの場所は引きずる

①仕掛けを落とす

②仕掛けをあげる

仕掛けをオモリで底に落とす シロギス釣りの基本

　船でも堤防でも、シロギス釣りは、仕掛けが底に着いた状態が基本。餌にはイソメを使用する。吸い込みをよくするために3〜5cmの長さにカットし、針に通し刺しておく。仕掛けを真下に落とし、底に着いたら糸フケを取り道糸を張る。竿を上下に軽く動かし底を3回程度叩く。叩くと砂煙がたち、シロギスは「餌があるかも」と気がつく。

広範囲で探るには天秤仕掛けで アンダーハンドキャストする

　胴付仕掛けはポイントが船の真下にある場合や、魚の活性が高い場合に有効。オモリが底に付いたら、タナをキープしつつ針を海底スレスレで動かし誘いをアピールできるが狙える範囲が狭い。

　天秤仕掛けは仕掛けが長めにとれるために吸い込みもよく、船下やキャストして広範囲を探れ様々な条件で使える。そのため、天秤は船下だけでなく船でもアンダーハンド

キャストで投げることができる。

　夏場の浅いポイントの場合は、座席がトモやミヨシだったり、混雑していなければ、アンダーハンドキャストで少し遠くに投げるのもおすすめ。守備範囲が広がり、シロギスのよくいるヨブを多く狙えるからだ。アンダーキャストするときは、軽くキャストして仕掛けを引きずってみて、周辺を探ったり潮の流れを見て確認しよう。

天秤仕掛けでアンダーハンドキャストをする

①仕掛けを垂らして斜め下に竿を少し振る
②仕掛けのオモリの重さを利用して遠心力で竿をしならせる
③竿のしなりを利用して糸を解放し仕掛けを飛ばす

仕掛けが長くて投げにくい場合は、左手に竿、右手でオモリを持ち、竿を軽く反らせ反発力で投げることもできる。

POINT 吸い込みが悪い場合

イソメの頭は硬いため、頭から針を通すと外れにくい。しかし、シロギスの活性が悪く、吸い込みが悪い場合は、頭部をカットして胴の部分だけ使う事で吸い込みがよくなる。この場合は餌が取れたり、ずれたりするリスクがあるので引き揚げてこまめにチェックしよう。

+α 底から15cmほどオモリを浮かす

アタリはあるが針掛かりしない時は、仕掛けを底に落とし、15cmほど糸を巻こう。手首を使って竿先をゆっくり上げたり下げたりすれば餌が自然に浮遊しているような状態になる。そうするとシロギスの口に吸い込みやすい位置に餌が来るので食う可能性が高くなる事もある。

43

LEVEL
★★☆☆☆

シロギス　　　餌 ルアー ・ 堤防 船 砂浜 他

サーフでは天秤を使えば絡まず数釣りを目指せる

□ 天秤は絡まないのでサーフに向いている

□ 3 ～ 5cm のイソメはチョン掛けで OK

□ ズル引き、6 ～ 8 本針で多点掛けを狙う

サーフのシロギスタックルと仕掛け

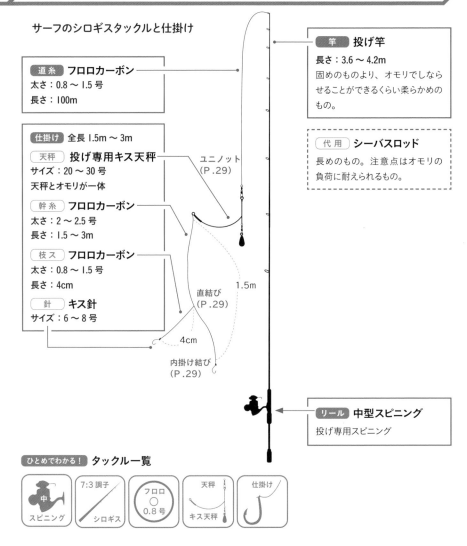

道糸 フロロカーボン
太さ：0.8 ～ 1.5 号
長さ：100m

仕掛け 全長 1.5m ～ 3m
天秤 投げ専用キス天秤
サイズ：20 ～ 30 号
天秤とオモリが一体
幹糸 フロロカーボン
太さ：2 ～ 2.5 号
長さ：1.5 ～ 3m
枝ス フロロカーボン
太さ：0.8 ～ 1.5 号
長さ：4cm
針 キス針
サイズ：6 ～ 8 号

ユニノット
（P.29）

直結び
（P.29）

1.5m

4cm

内掛け結び
（P.29）

竿 投げ竿
長さ：3.6 ～ 4.2m
固めのものより、オモリでしならせることができるくらい柔らかめのもの。

代用 シーバスロッド
長めのもの。注意点はオモリの負荷に耐えられるもの。

リール 中型スピニング
投げ専用スピニング

ひとめでわかる！ タックル一覧

中 スピニング	7:3調子 シロギス	フロロ 0.8号	天秤 キス天秤	仕掛け

　色分けのラインを使うと飛距離がわかるため、アタリがあった場合にポイントを把握できる。

Check! サーフのシロギス釣りは飛距離が重要

②ゆっくりとオモリを引き寄せる

①できるだけ遠くに投げる

③カケアガリ（沖のほうで急に深くなっているところ）やヨブなどは釣れるポイント

砂浜（サーフ）での投げ釣りは天秤を使う

　初夏や秋は船に乗ったり堤防に行ったりせずに、広々とした「サーフ」でのシロギス釣りを楽しめる。船などに比べて糸が絡みやすいので、投げ専用の天秤を使うとよい。餌はイソメ・ジャリメで、3〜5cm程度に切り、チョン掛けでOK。餌を飲み込んでしまった場合、針を外すのが苦手な人は、「針外し」などの道具を利用すると取りやすい。

オーバーキャストで遠投する重要なのはオモリを引きずる速度

　竿の先端から10〜20cm離れたあたりに仕掛けのスナップがある状態にして道糸（仕掛け）を垂らし、投げる前に後方確認をして、安全を確かめてから、オモリの重さで竿をしならせるイメージで遠投する。オモリが着水して底に着いたら、1秒で1巻きの間隔でリールを巻き、アタリがあったら向こうアワセで急がず巻こう。投げ釣りは飛距離が出れば出るほどシロギスのいるエリアを探れる。

　キャストすることに慣れたら6〜8本の針の仕掛けを使い、多点掛けを狙おう。オモリが着底したら、竿を横にして「ズル引き」。竿を横にすることで、針の多さによるオマツリを防ぐ。ゆっくり動かしオモリを引きずるか、ゆっくりとリールを巻く。重要なのは引く速度。2秒で1巻き程度の速さで巻こう。

POINT 針を飲み込まれたら

シロギス釣りでは、針を飲み込まれる事がある。その場合はシロギスの腹を上に向けて持ち、持った手の親指と人差し指をそれぞれエラに入れると口が開く。針に対して真っ直ぐハリスを引くと針が抜ける。ダメなら針外しを使って取る。

+α ポイント移動

潮の流れがゆるやかな場合や、カケアガリになっているような場所は外道のクサフグやベラが多くなる。特にクサフグはシロギス以上に餌を追い、食欲旺盛ですぐ食いつく。針を変えたり巻き上げのスピードを上げても外道ばかり釣れる場合は単純にポイント移動するしかない。

💬 天秤の型はジェット天秤、遊動式天秤なども扱いやすい。

44 LEVEL ★☆☆☆☆

アジ
マアジは大きな群れで回遊するが居着き型もおり美味

- □ 大きな群れで泳いでいる。夜は光に集まる習性がある
- □ 捕食サイズは様々
- □ 居着きのキアジと回遊のノドグロがおり、味が違う

マアジは回遊魚だが一定のエリアでとどまるものもいる

「アジ」といわれてるが正式名称は「マアジ」。マアジは未成魚時は東シナ海や太平洋の沖合におり、成魚以上になると陸棚上の底層や湾など一定のエリアに定着する。成魚になると回遊型と居つき型に分かれる。東シナ海側では産卵期が1～3月、対馬周辺では4～5月にみられるようにエリアごとに産卵期が異なる。

成熟度の平均サイズ

稚魚	未成魚	成魚
13mm	18cm 未満	26cm

稚魚は東シナ海から黒潮（P.32）に乗って流れて行く。マアジは3、4歳で成熟し、寿命は約5年程度。

年齢とサイズ（単位：cm）

1歳	2歳	3歳	4歳
17	23	27	30

未成魚以降になると日中は海底～中層に

アジ特有のピラミッド型の群れを形成するが、夜は拡散する。光に集まる習性がある。群れる習性は稚魚が捕食の行動を学ぶためとも考えられている。

マアジは主に体長10mm程度のカタクチイワシを捕食するが、7～70mmと幅広いサイズの小魚を吸い込み型で捕食する。

マアジは1種だが系統が2つ キアジは脂がのり市場価値が高い

マアジは1種とされているが、キアジとクロアジの系統がある。キアジは体色が黄色がかって明るく身が白っぽい。クロアジは体の色が黒っぽく、体高がキアジより低い。口の中やノドが黒いため「ノドグロ」ともいわれる。キアジは栄養豊富なエリア居着き型でよく太り脂が多い。クロアジは回遊するのでエネルギーを多く消耗し、脂肪がつかなく締まっているため、血合いが多く赤っぽい。

📅 24 Calendar

マアジは通年釣れるため、旬の時期というのは脂がのって美味しい時期とされる。産卵期はどうしてもお腹の卵に栄養がいき、身が痩せているが、9～11月は太って美味しいマアジが釣れることが多い。

📍 釣れるエリア

日本沿岸各地

水深10～200m

💬 マアジの寿命は4、5年とされるが、最長12年という記録がある。

真鯵 Trachurus japonicus

まあじ

❖ マアジの生態

分類　スズキ目・アジ科・マアジ属
捕食　カタクチイワシ、プランクトン、甲殻類
全長　最大で40cm
地方名　アヅ、メダマ、ヒラアジ、ホンアジなど

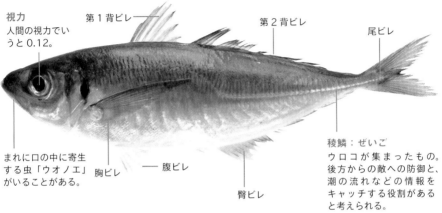

視力
人間の視力でい
うと0.12。

第1背ビレ

第2背ビレ

尾ビレ

まれに口の中に寄生
する虫「ウオノエ」
がいることがある。

胸ビレ

腹ビレ

臀ビレ

稜鱗：ぜいご
ウロコが集まったもの。
後方からの敵への防御と、
潮の流れなどの情報を
キャッチする役割がある
と考えられる。

豆アジの大群
アジの子供は大群で海を
回遊する。通常はピラミッ
ド型。敵が来て一斉に逃
げている様子。

写真提供：友川絵美子

HINT　アジの呼び名

アジも大きさによって呼び名が変わる。規定は
ないが「豆アジ」と呼ばれるものは、ゼンゴ以
下のものを指す。以下は目安。

サイズと呼び名（単位：cm）

豆アジ	ゼンゴ	小アジ	中アジ	大アジ
～15	15～20	20～25	25～30	30～

POINT　海中が荒れると湾内に逃げる

潮が速いと海中がやや荒れる底荒れと呼ばれる
状態になり、底の貝や砂が浮遊し暗くなるため、
マアジの群れは普段いる層（タナと呼ぶ）より
上に向かうという。潮が速い時、堤防釣りでは
底荒れから湾内にアジが避難するため釣れる確
率が高くなる。

💬 マアジのほか、メアジ、ムロアジ、マルアジなどがいる。

45
LEVEL
★★☆☆☆

アジ　餌 ルアー ・ 堤防 船 砂浜 他

数釣りなら餌でサビキ、
サイズ狙いならルアーのアジング

- □ サビキ釣りは活性の高い夕まづめや夜で、潮回りがよいポイントを探す。
- □ サビキ釣りは撒き餌のコマセが散った場所に、仕掛けの針を同調させる。
- □ アジングはルアーセレクトとアクションをつける。

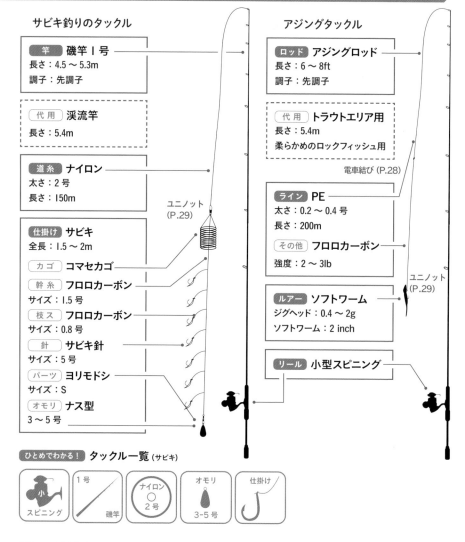

サビキ釣りのタックル

竿 **磯竿 1 号**
長さ：4.5 〜 5.3m
調子：先調子

代用 **渓流竿**
長さ：5.4m

道糸 **ナイロン**
太さ：2 号
長さ：150m

ユニノット
(P.29)

仕掛け **サビキ**
全長：1.5 〜 2m

カゴ **コマセカゴ**
幹糸 **フロロカーボン**
サイズ：1.5 号
枝ス **フロロカーボン**
サイズ：0.8 号
針 **サビキ針**
サイズ：5 号
パーツ **ヨリモドシ**
サイズ：S
オモリ **ナス型**
3 〜 5 号

アジングタックル

ロッド **アジングロッド**
長さ：6 〜 8ft
調子：先調子

代用 **トラウトエリア用**
長さ：5.4m
柔らかめのロックフィッシュ用

電車結び (P.28)

ライン **PE**
太さ：0.2 〜 0.4 号
長さ：200m

その他 **フロロカーボン**
強度：2 〜 3lb

ユニノット
(P.29)

ルアー **ソフトワーム**
ジグヘッド：0.4 〜 2g
ソフトワーム：2 inch

リール **小型スピニング**

ひとめでわかる！ タックル一覧 (サビキ)

小 スピニング	1号 磯竿	ナイロン ○ 2 号	オモリ 3-5 号	仕掛け

　　「サビキ」とはサビキ針の略称を使った釣りの意味、コマセとは撒き餌のこと。

餌釣りならサビキ釣りで数釣りをする

アジ釣りを成功させる条件は、潮が流れている時間帯や場所であること、その潮の流れに乗ってアジが回遊してくることだ。

また、朝まづめや夕まづめでアジに活性がある時や、潮汐なども気にしたい。アジは回遊魚であるため、堤防なら潮の流れがある先端がポイントとなる（P.40）。

コマセカゴにコマセを入れ、投入し竿を上下に動かして、カゴの中にあるコマセを散らす。コマセが海の中で煙幕のように散るので、その中に仕掛けの針がくるように竿を動かす。アジの仕掛けに使う針には飾りがついており、コマセに寄ってきたアジがコマセと針を勘違いして針を吸い込んで掛かる。

サイズ狙いのルアーフィッシング「アジング」

数よりもサイズを狙うなら、シンプルなタックルで釣りやすいアジングにトライしよう。メバリング（P.80）と同じで、少々長いロッドを使用する。使用するラインは細くPE0.2号程度。メインラインは、PEだと引きが伝わりやすく、ジグヘッドもリグも全体的に軽いので沈下スピードが遅い。扱いにくいと感じたら、ラインの特性（P.26）によって選んでみても。

ジグヘッド

釣り方はキャストし、中層から表層を狙う。基本はタダ巻きだが、ロッドを細かく震わせる「シェイク」や手首のスナップでロッドをシャクリ、ルアーをチョンチョンと動かす。

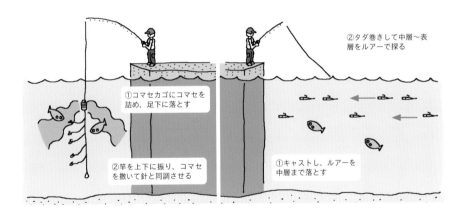

②タダ巻きして中層～表層をルアーで探る

①コマセカゴにコマセを詰め、足下に落とす

②竿を上下に振り、コマセを撒いて針と同調させる

①キャストし、ルアーを中層まで落とす

POINT コマセカゴの位置

コマセカゴが仕掛けの上につくものと、下につくものがある。潮が流れている時はコマセと仕掛けも流され同調しやすいが、潮の流れが止まっている場合は、仕掛けの下につくものの方が向いている。

+α サビキの大きさを変えてみる

アジのサイズによって、サビキの大きさ＆カラーが釣果に影響するので何種類か用意していくとよい。アジ釣りはベテランでも多点掛けを狙って熱くなる。アジは口が弱く針で切れやすいため、竿は硬い投げ竿などより軟らかい磯竿の方が適している。

夜釣りするなら、灯りがあるところがよい。その際はヘッドライトやランタンがあると便利。

アジ　　　　　　　　　　　餌 ルアー ・ 堤防 船 砂浜 他

（LT）ビシアジ釣りは煙幕を幅広く作れば数釣りができる

□ コマセはビシに詰めすぎず8分目まで

□ 潮の流れをつかんで、コマセの煙幕に針があるように

□ 着底したら糸ふけを取ってオマツリしないようにする

ビシアジ釣りのタックル

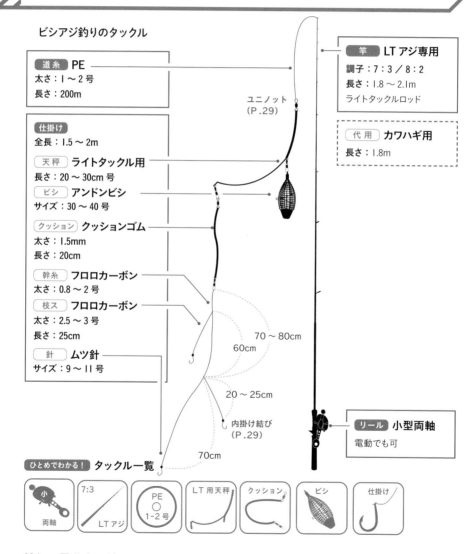

道糸 PE
太さ：1〜2号
長さ：200m

仕掛け
全長：1.5〜2m

天秤 ライトタックル用
長さ：20〜30cm号

ビシ アンドンビシ
サイズ：30〜40号

クッション クッションゴム
太さ：1.5mm
長さ：20cm

幹糸 フロロカーボン
太さ：0.8〜2号

枝ス フロロカーボン
太さ：2.5〜3号
長さ：25cm

針 ムツ針
サイズ：9〜11号

ユニノット
（P.29）

竿 LTアジ専用
調子：7：3／8：2
長さ：1.8〜2.1m
ライトタックルロッド

代用 カワハギ用
長さ：1.8m

70〜80cm
60cm

20〜25cm

内掛け結び
（P.29）

70cm

リール 小型両軸
電動でも可

ひとめでわかる！ タックル一覧

小 両軸	7:3 LTアジ	PE 1-2号	LT用天秤	クッション	ビシ	仕掛け

🗨 針（チモト）についている夜行玉は海の中で目立ち、アジにアピールするため。

Check!（LT）ビシアジの釣り方

① 底までビシを落とす

② 竿を上下に振り、コマセを撒いて針と同調させる

③ アジが掛かったら竿の先をあげてアワセる

潮の向きによってコマセが流れる方向が変わる。

ビシに入れるコマセは欲張らずに8分目まで

　船釣りのビシアジ釣り（LTアジ釣り）は、コマセ釣りで仕掛けの先の針にイカの切り身の「アカタン」か、イソメを付ける釣り。

アカタンは赤く染めてある

　釣り方は、金属製でできたオモリ付きのカゴの「ビシ」の中にコマセを入れ、船の真下に投入する。餌がイソメなら、3cm程度にカットして付ける。ビシが着底したら、糸ふけを取る。船長からの指示ダナは底から2m前後が多く、底から1m巻いたところで1,2回シャクってコマセを撒き、さらに1m糸を巻く。潮の流れをコマセが漂っている煙幕と針を同調させ、コマセに寄ってきたアジが向こうから針掛かりしてくる。

着底したら糸ふけをすぐ取ろう

　潮の流れが速い時は、着底したらすぐに糸ふけを取ること。混雑時は隣の座席と近いこともあるので、オマツリになることも。

　アジは口が弱いので強いアタリの場合は大型の可能性があるので、必ずタモですくってもらおう。

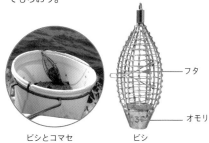

ビシとコマセ　　　ビシ

フタ

オモリ

POINT 基本的なことを再確認

アジ釣りでは、コマセの煙幕に針があれば釣れる。しかもアタリもわかりやすく釣れやすい。周囲が釣れているのに自分だけ釣れないという場合は、タナを確認する、餌がイソメの場合は、イソメの鮮度や長さ、コマセの振り方が足りているかどうかなどを確認しよう。

+α コマセは2段階に分けて撒く

タナまで巻き上げてコマセを撒くのが基本だが、アタリがない、食いがない場合はコマセが潮の流れで別の場所に流れていたり、その層にアジがいないことが考えられる。タナまでにコマセを複数撒けば、煙幕が幅広くできるのでちょうどアジのいる層を探しやすい。

💬 仕掛けの金針は目立ちアピール効果があるが、銀針はサバよけ対策に効果的。

シイラ
回遊魚のシイラは
小魚に似せたルアーで釣れる

- □ 幼魚期は流木やストラクチャーにつく
- □ 成熟したらペアで行動する
- □ シイラの活性に合わせたルアー選びをする

温暖の海流を好み
夏に日本近海にやってくる

シイラは水温が 20℃以上の海流で世界中に生息している。初夏に同じ温暖の海流にいる小魚を追って日本近海にやってくる。年齢によって群れる数も変わり、50cm 前後の未成魚は数十〜数百匹で群れる。

年齢とサイズ（単位：cm）

1 歳	3 歳	5 歳
40	90	120

成長のスピードが早く、体が大きくなるにつれて、群れの個体数が減り、最終的にはオスとメスでペアとなって行動する。寿命は 4 〜 5 年程度。生後 1 年で流木やパヤオなどの障害物（ストラクチャー）、潮目につくため、シイラ釣りではそれらを手がかりに行う。

シイラは小魚を
積極的に捕食する

シイラは舌の上にも歯のような部位があ

る魚で、とにかくよく食べ成長する。マイワシが日出と共に水面付近に上がってくる移動の時に合わせて活性が高くなる。

餌は、表層を泳ぐマイワシ、カタクチイワシ、ウルメイワシやヒメジの稚魚（4cm 未満）やトビウオの稚魚（3cm 未満）などである。基本的には表層にいる魚を追うため、餌釣りよりキビキビと動きが演出できるルアーの方が釣りやすい。

シイラ釣りでは
キャストのテクニックが重要

シイラ釣りの方法は、船からルアーをキャストする釣りがメイン。ルアーを動かすテクニックはもちろん、キャストの技術も必要だ。長めのロッドを使用すると飛距離が出るが、釣り席が胴の間であれば短いロッドの方がキャストがしやすい。ロッドやライン、ルアーを選ぶこともシイラ釣りの醍醐味の一つだ。

24 Calendar

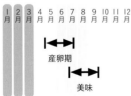

| 1月 | 2月 | 3月 | 4月 | 5月 | 6月 | 7月 | 8月 | 9月 | 10月 | 11月 | 12月 |

産卵期

美味

シイラ釣りが盛んな駿河湾、相模湾では、ちょうど 6 月からシーズンが始まる。表層を泳ぐ姿は青く輝いて見えるため、船の魚群探知機ではなく、目で探す釣りとなる。

🔴 釣れるエリア

※暖流は含む（北海道）

主に表層

💬 海を泳ぐシイラの背は青く輝き、まるでイルカのような姿から英名では「Dolphinfish」という名を持つ。

鱰 Coryphaena hippurus
しいら

❖ シイラの生態

分類　　スズキ目・シイラ科・シイラ属
捕食　　マイワシ、カタクチイワシ、ウルメイワシ、各種稚魚
全長　　最大で 1.5m
地方名　マンビキ、トウヒャク、クマビキ

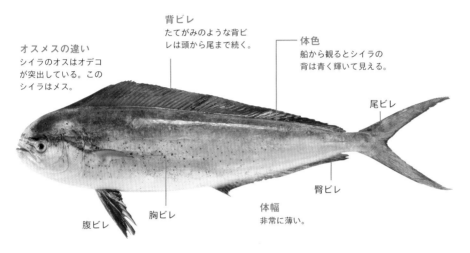

オスメスの違い
シイラのオスはオデコが突出している。このシイラはメス。

背ビレ
たてがみのような背ビレは頭から尾まで続く。

体色
船から観るとシイラの背は青く輝いて見える。

尾ビレ

臀ビレ

体幅
非常に薄い。

胸ビレ

腹ビレ

釣れる外道

イナダ

サバ

HINT シイラの捕食を把握する

シイラの主食であるカタクチイワシに似たルアーは釣れやすい。

シイラの胃に入っていたカタクチイワシと釣ったルアー。

POINT タックル選び

シイラはまれに 1m を超える大型が釣れるので、通常は中型リールでロッドも見合ったものにし、硬さやしなりの観点でロッドを選ぶ。自分のタックルでシイラ釣りをする場合は、利用する船宿のホームページに記載されている指定内か確認しよう。

💬 餌を襲う時にジャンプをして海面から数 m も飛び上がることも。

48
LEVEL
★★★☆☆

シイラ

 餌 ルアー ・ 堤防 船 砂浜 他

表層でルアーを動かすことで
シイラの活性を上げる

□ 少し下にシイラがいる時はミノーで攻める

□ トップウォータープラグのポッパーなどでアピール

□ トップウォータープラグを使ってシイラを興奮させる

シイラタックル

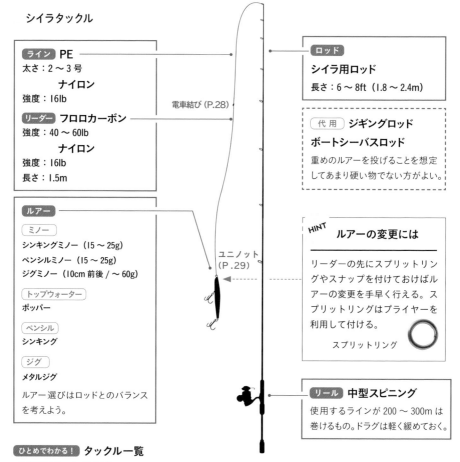

ライン PE
太さ：2〜3号
　　　ナイロン
強度：16lb

リーダー フロロカーボン
強度：40〜60lb
　　　ナイロン
強度：16lb
長さ：1.5m

電車結び (P.28)

ロッド
シイラ用ロッド
長さ：6〜8ft（1.8〜2.4m）

（代用）**ジギングロッド**
ボートシーバスロッド
重めのルアーを投げることを想定
してあまり硬い物でない方がよい。

ルアー
（ミノー）
シンキングミノー（15〜25g）
ペンシルミノー（15〜25g）
ジグミノー（10cm前後 / 〜60g）
（トップウォーター）
ポッパー
（ペンシル）
シンキング
（ジグ）
メタルジグ
ルアー選びはロッドとのバランス
を考えよう。

ユニノット
(P.29)

HINT　ルアーの変更には

リーダーの先にスプリットリン
グやスナップを付けておけばル
アーの変更を手早く行える。ス
プリットリングはプライヤーを
利用して付ける。

スプリットリング

リール 中型スピニング
使用するラインが200〜300mは
巻けるもの。ドラグは軽く緩めておく。

ひとめでわかる！ タックル一覧

中
スピニング

フロロ
40-60lb

6-8ft
シイラ

PE
○
2-3号

ルアー各種
ロッドによる

※糸と糸の結びは、難易度が高いものの FG
ノットなど糸のコブが比較的少なく、強度が
強い結び方もある。

　ミヨシでのオーバーハンドキャストが可能な場合があるが、必ず船長に確認しよう。

Check! シイラゲームの基本2パターンの考え方

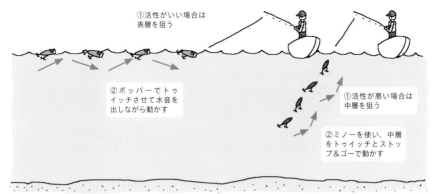

①活性がいい場合は表層を狙う

②ポッパーでトゥイッチさせて水音を出しながら動かす

①活性が悪い場合は中層を狙う

②ミノーを使い、中層をトゥイッチとストップ＆ゴーで動かす

ポッパーをトゥイッチさせ、水音を出すような動きをさせるのは練習が必要となる。

活性が悪く食いが渋い時は少し沈むミノーで誘う

　シイラ釣りは船からルアーをキャストする釣り。シイラに活性があるとルアーを見ればすぐに食ってくるが、なかなか食わない場合、ルアーを動かしてシイラにアピールする。表層より少し下にいる場合はミノーを使ってキャストし、ロッドを持っている方の手首のスナップで竿先を上向きにし、軽くチョンチョンと穂先を動かしつつリールを巻く「トゥイッチ」をする。その際、リールを巻いてルアーを寄せる「リトリーブ」は速めにやってみよう。それでも渋いときは、キャストしたルアーが遠ければリトリーブ、近くならロッドを動かし、ルアーを手前に寄せつつ止める「ストップ＆ゴー」を試してみる。

表層用のルアーを動かしてシイラを興奮させる

　シイラは、海面を激しく泳ぐ小魚のような姿を見せることで、興奮させて活性を上げることもある。表層用のトップウォータープラグや浮くルアーの「フローティング」を使用し、シイラの活性をキープしておきたい。そのほか、音を出せるポッパー。トゥイッチして水泡を発生させた音でシイラを呼び寄せる。トップに誘っても上がってこない、もしくは気付かない場合は、シンキングペンシルや、スローシンキングのミノーなどを用意しておき、リトリーブを速く、トゥイッチとストップ＆ゴーなどのアクションで誘おう。ルアーカラーやバリエーションを揃えて、テクニックで挑みたい。

POINT 鳥山を見つけたらジグに変える

シイラ釣りでは、鳥山（P.37）と遭遇することがよくある。鳥山を見つけたら、メタルジグや遠投できるようにシンキングペンシルやジグミノーなどもあると楽しめる。その場合、利用するロッドにもよるが重さは20〜40g程度を使う。

+α バラさず釣るテクニック

バラさないようにするにはシイラの口にしっかりとフッキングをすること。基本的にドラグの設定は乗船前に行っておこう。また、シイラが掛かった時は、つい焦ってロッドを立ててアワセようとしがちだが、寝かせて船に寄せて行くとジャンプされた時にバレにくい。

タチウオ

タチウオは秋が
よく釣れ美味

- □ 夏からシーズンに入り、秋口には数釣りができる
- □ 肉食で鋭い歯を持ち、小魚を食べる
- □ 獲物を後ろから攻撃し、一度噛んで飲み込む

日中は底、夜になると
中層から表層へ移動する

タチウオは世界中の暖水域に広く分布する。回遊性の底魚で水深100m前後の沿岸域に生息する。日中は底にいるが、夜になると中層〜表層に移動する。光に集まる習性がある。

タチウオは春生まれと秋生まれがある。日本海側では秋生まれが多く、太平洋側では春生まれが多い。寿命は5年とされる。孵化後に沖合の中・底層を浮遊し、仔魚になると沿岸の底層にも移動する。稚魚になると犬歯が鉤型（かぎ）となり、魚を食べるようになる。ここからの成長が早く、1歳で4割が成熟し、2歳で8割が成熟する。

秋は越冬と産卵で
釣りのベストシーズン

体長が20cm前後のものは小型甲殻やアミ類を捕食し、それ以上になるとイワシ類を捕食する。体が大きくなるにつれ肉食となり、産卵期には共食いをすることも。捕食方法は獲物に後方から接近し、丸飲みあるいは体後部を切断して飲み込む。タチウオの鉤状の歯が大きな役割を果たす。鋭い歯でハリスを切ってしまうことがあるのでワイヤーを利用する場合もある。しかし、歯が大げさな割には、大きなアタリは感じない。3歳以降ではメスの方がオスより成長がよく、高年齢になるほど雌雄間の成長差は大きくなる。釣りでは指6本を並べた幅の体高のものが掛かれば大物とされる。秋は秋生まれの産卵期と越冬のために食欲が強く、朝夕は水面近くまで群れて採餌をすることも。夜行性で、地域によっては堤防からの夜間のウキ釣りが盛ん。

通常は縦になって泳ぐ、いわゆる立ち泳ぎをしているが、捕食したり逃げたりする場合は体をくねらせながら水平に泳ぐ。回遊魚とは対照的な省エネタイプの魚。

📅 24 Calendar

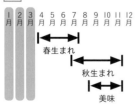

通年釣れるが、冬は沖合でよく釣れ、サイズがよい。7月頃から接岸し、秋口になると数釣りができる。太平洋側の駿河湾などでは春生まれ、日本海側の若狭湾などでは秋生まれが多い。

📍 釣れるエリア

北海道以南の日本沿岸

水深10〜100m

💬 タチウオは英語ではリボンフィッシュ、バンドフィッシュと呼ばれる。

太刀魚 (たちうお) Trichiurus lepturus

❖ タチウオの生態

分類	スズキ目・タチウオ科・タチウオ属
捕食	カタクチイワシ、トウゴロウイワシ、キビナゴなど
全長	最大で 2.5m
地方名	タチオ、タチイオ、タチノヨ、ハクナギ

尾が細い
体が細長いため、尻すぼみに細くなっている。

予備の歯
顎の下に予備の歯を用意してある。

背ビレ
130 軟条以上ある。

体の輝きで鮮度がわかる
鮮度が高ければ高いほど、体の表面が輝いている。

ウロコがない
ウロコがないが、グアニンという成分で鏡のように輝いて美しい。鮮度が高いものほど輝く。

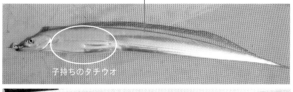

子持ちのタチウオ

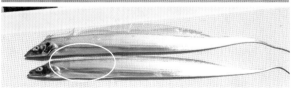

子持ちのタチウオ
釣りのベストシーズンになる秋は子持ちのタチウオが釣れる（上）。頭部の下が膨らんでいるものは、メスで子供を宿している。卵巣も美味なので捨てずに煮付け、塩焼きで食べると美味。

HINT
体の表面の輝きは

タチウオは、体の表面にあるグアニン層によって輝いている。これを原料として加工したものが、文房具や女性のマニキュアのキラキラした原料となっている。この輝きは、魚類が海の中で光の反射をコントロールすることで環境に適応し生存するためと考えられている。

POINT 美味しく栄養満点の魚

タチウオにはウロコがなく、皮に旨味がある。食べる時にはそのまま調理するのがよい。カツオやアジなどグングン泳ぐ回遊魚に比べ、ボーっと立ち泳ぎをして上を見て餌を探している魚。エネルギーをあまり消耗していないため、脂がたっぷりのっている。しかもビタミンも豊富で栄養満点の魚だ。

💬 タチウオの遊泳法は珍しいため、水族館でよく展示される魚の一つ。

50
LEVEL
★★★☆☆

タチウオ | 餌 ルアー ・ 堤防 船 砂浜 他

船のタチウオジギングは フォールで食わせる

- □ 1シャクりでリールを1回転させる、ワンピッチジャークで攻める
- □ フォールのアタリを意識してサミングしておく
- □ スローピッチでヒラヒラとフォールの動きをつける

船のタチウオジギングのタックル

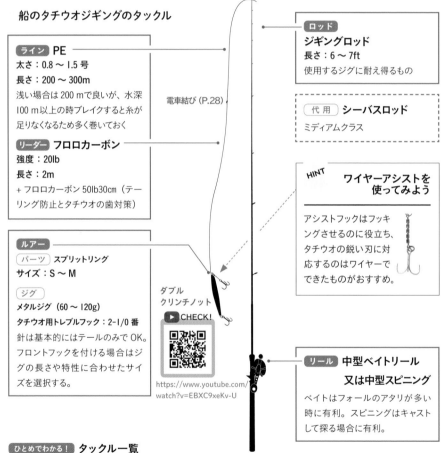

ライン PE
太さ：0.8 〜 1.5号
長さ：200 〜 300m
浅い場合は200mで良いが、水深100m以上の時ブレイクすると糸が足りなくなるため多く巻いておく

リーダー フロロカーボン
強度：20lb
長さ：2m
+フロロカーボン50lb30cm（テーリング防止とタチウオの歯対策）

ルアー
パーツ スプリットリング
サイズ：S 〜 M
ジグ
メタルジグ（60 〜 120g）
タチウオ用トレブルフック：2-1/0 番
針は基本的にはテールのみでOK。フロントフックを付ける場合はジグの長さや特性に合わせたサイズを選択する。

電車結び (P.28)

ダブル
クリンチノット
▶CHECK!

https://www.youtube.com/
watch?v=EBXC9xeKv-U

ロッド
ジギングロッド
長さ：6 〜 7ft
使用するジグに耐え得るもの

代用 シーバスロッド
ミディアムクラス

HINT **ワイヤーアシストを 使ってみよう**

アシストフックはフッキングさせるのに役立ち、タチウオの鋭い刃に対応するのはワイヤーでできたものがおすすめ。

リール 中型ベイトリール 又は中型スピニング

ベイトはフォールのアタリが多い時に有利。スピニングはキャストして探る場合に有利。

ひとめでわかる！ タックル一覧

中
両軸

フロロ
30lb

6-7ft
ジギング

PE
0.8号

メタルジグ
60-120g

※糸と糸の結びは、難易度が高いもののFGノットなど糸のコブが比較的少なく、強度が強い結び方もある。

💬 オマツリの原因となるので、ジグの重さや釣り方などは、船のルールを守ろう。

Check! タチウオジギングの基礎

①サミングしながらゆっくりと落とす

②シャクリ1回でリールを1回転させ、フォールさせる

③シャクリ1回につき、リールを半回転させ、フォールさせる

食いが渋い時は③をすることで釣れることがある。

フォールに意識して
シャクるタチウオジギング

タチウオジギングは日中と夜に行われる船釣り。特に秋冬は夜に入れ食いになることも。

ポイントに着いたらジグを投入し、底を取ったら指示ダナまで巻き上げる。竿先は下げておき、シャクリ1回でリールを1回転させる、ワンピッチジャークを早めに行う。指示ダナの下2m、上5mほど探ってみる。

ジグを底に落としている途中に食うこともあるので、フォール時のアタリも意識して糸を出す時は親指で軽く触れつつサミングしておくとよい。叩くような引きがきたら、口にフッキングしている。アタリがあったのに軽くなるのは、ルアーをくわえてそのまま立ち泳ぎして上方に泳いでいる「食い上げ」と呼ばれる状態になっているから。軽くなったからバレたと諦めず、早めに巻いてみよう。

釣れない時はシャクリ方や
ルアーを変えて誘ってみる

シャクる時にロッドを手首のスナップで返すようにし、反発力でジグを弾いてジグをヒラヒラと落としてみよう。シャクった時はリールを巻き、小刻みに表層へと上げていく。

また、ゆっくりとしたシャクリ1回につき、リールを半回転させる「スローピッチ」もおすすめ。ルアーのカラーは赤金、白、ピンク、夜なら蓄光で光るグローも用意しておくとよい。ゆっくりと引く（デッドスロー）タダ巻きも有効で食い渋り時の切り札となる。

POINT 季節や時間によって異なるタナ

タチウオは通年釣れる魚だが、季節や時間帯で生息しているタナが異なる。そうなるとジグの重さも変わり、ロッド、リールも変わる。釣る地域と時間帯を考慮して考えよう。時間帯は夏、秋の夜であれば浅い場所にいて冬になれば深場へ移動する。

+α 潮の様子をチェックしよう

手応えで潮の様子を探ってみよう。ジグを投入したら潮が速くなければジグが真下へと落ちるため、ラインも真下に落ちるが、潮が速いとラインが流される。底が取れる距離のはずがなかなか取れない場合はジグが不自然に流されている二枚潮の可能性が高い。

💬 潮の流れによってジグの重さを変えてみよう。スロージギング用のジグもあるとよい。

タチウオ 　餌 ルアー ・ 堤防 船 砂浜 他

堤防でタチウオを釣るなら夜のウキ釣りで釣る

- □ ロッドを底から少しずつ上げてタナを調べる
- □ タナが合っているか、餌の状態は良好かなど基本的なチェックを怠らずに
- □ 月明かりに合わせてケミホタルを取るのも手

タチウオのウキ釣りタックルと仕掛け

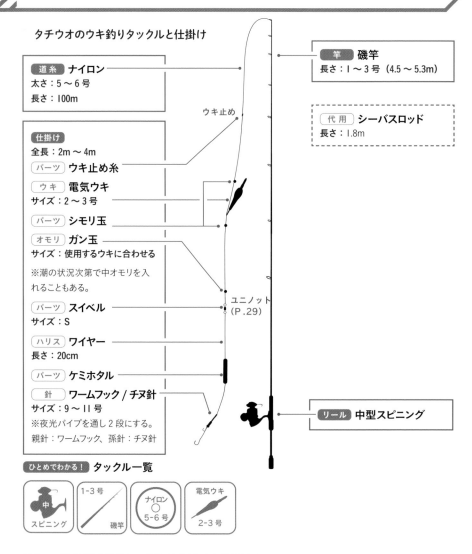

| 道糸 | ナイロン
太さ：5〜6号
長さ：100m

仕掛け
全長：2m〜4m
パーツ ウキ止め糸
ウキ 電気ウキ
サイズ：2〜3号
パーツ シモリ玉
オモリ ガン玉
サイズ：使用するウキに合わせる
※潮の状況次第で中オモリを入れることもある。
パーツ スイベル
サイズ：S
ハリス ワイヤー
長さ：20cm
パーツ ケミホタル
針 ワームフック / チヌ針
サイズ：9〜11号
※夜光パイプを通し2段にする。
親針：ワームフック、孫針：チヌ針

ウキ止め

ユニノット
(P.29)

竿 磯竿
長さ：1〜3号（4.5〜5.3m）

代用 シーバスロッド
長さ：1.8m

リール 中型スピニング

ひとめでわかる！ タックル一覧

| 中
スピニング | 1-3号
磯竿 | ナイロン
5-6号 | 電気ウキ
2-3号 |

Check! 堤防のタチウオのウキ釣りの方法

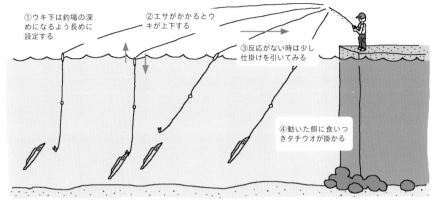

①ウキ下は釣り場の深めになるよう長めに設定する

②エサがかかるとウキが上下する

③反応がない時は少し仕掛けを引いてみる

④動いた餌に食いつきタチウオが掛かる

釣れない場合はウキ下の調整をするついでに、糸を巻いてウキを手前に引くのも誘いの一つとなる。

タチウオは堤防から夕方〜夜に釣る

タチウオは夜行性なので夜に釣れやすい。釣り方はいたってシンプル。餌はサバの切り身、キビナゴなどを使用する。サバの切り身の場合は先の針にチョン掛けして真ん中あたりに後の針を掛ける。タチウオは夜、浅場の2〜10mにいるが、明るいうちは底の方にいることがあるので、ウキ下を調整して底からどの層にいるかを探る。タチウオが掛かると電気ウキが上下する。電気ウキが沈んでも慌てず様子を見て、大きく竿を上げてアワセ、一定のスピードで糸を早めに巻き上げる。引き上げると長い

針には抜けないようにカエシがある

体をくねらせ暴れるので注意しよう。

釣れない時は基本をチェックタナ、餌、ケミホタルを確認

周りが釣れているのに自分だけ釣れない場合は、タナを間違えているか、餌が悪くなっている、もしくは食われているなど基本的な見落としが考えられる。またケミホタルの色を変えたり、あえて外してしまうのも手だ。満月などの明るい時は水面下から上方を見た場合、月明かりと同調してしまい目立たなくなっている場合があるためである。釣れない時はタナや餌の状態、その日の天候に合わせて仕掛けを変更してみよう。

POINT 歯に注意する

タチウオの歯はとても鋭く通常のハリスを使用すると噛み切られてしまう。ワイヤーを使ったものやタチウオ専用のものが販売されているのでそれらを利用するのがよい。また、フィッシュキャッチャーは使えないので、メゴチバサミやタオルなどで首の後ろを掴み、プライヤー（P.15）などで針を外そう。

+α 情報収集をする

タチウオが集まるポイントは潮流れがよい場所。ただし、地域や上げ潮下げ潮などの状況によって変わってくる。特に潮が高い時間帯は餌も多く活性が上がるので明るいうちにポイントの下見や地元の釣具店などで現地の最新情報を調べておくとよいだろう。

💬 堤防ではルアー禁止の釣り場もあるため、あらかじめ釣り場の近くの釣具店などで教えてもらおう。

52
LEVEL ★★★★☆

マダイ

釣れやすい春、初夏か
脂ののった冬が狙いめ

- □ 沖合で高低差のある場所か、砂泥底に生息する
- □ 甲殻類をも噛み砕く強靭な顎を持つ
- □ 餌には一気に飛びつき、反転する

産卵期が釣れやすいシーズン
身に脂がのる季節は冬

　マダイは産卵期間中、毎日産卵を繰り返す多回産卵魚。主な産卵期は4〜5月で、産卵のため浅場に移動する。初夏には既に産卵のために痩せた体も脂が戻り始めている。マダイ釣りの旬とされるのはこの春〜初夏と脂が一番のっている冬。

　基本的にマダイは高低の変化と広がりを好み、その中でも、岩などによって海底に形成された隆起部で魚が多く生息する地帯を好む。また、およそ水深30〜100mの水深にある比較的起伏に富んだ岩礁域の頂上付近や、広がりのある砂泥底に生息する。

　産卵期は浅場に群れで上がって来る。長寿のもので20歳という記録もある。

地域別で見る年齢と重量の比較（単位は cm）

1歳	2歳	3歳	10歳
10	15-20	20-30	50-60

捕食は力強く底へ引き込む
マダイの「三段引き」

　餌を探す視線は下向き。頑丈な顎と歯でエビやシャコ、イカナゴも噛み砕いて食べる。そのため、釣れた場合針を飲まれると、歯が粒状に並び細く並んでいるために、ハリスが擦れて切られる場合がある。目と鼻がとてもよく、視覚に関しては色の認識もしていると考えられている。赤、橙、黄色に強く反応する。

　捕食方法は餌に一気に飛びつき、力強く反転して底へ降りる。マダイは針に掛かると強烈な引きの強さで、最初はコツコツという感触があり、そのあと一気に底へ力強く2〜3回段階的に引き込まれる。この段階的なアタリを釣りでは「三段引き」という。その瞬間に釣り人が竿を上げて針掛かりさせる。このやりとりがマダイ釣りの面白さで、人気がある理由の一つ。

📅 Calendar
24

| 1月 | 2月 | 3月 | 4月 | 5月 | 6月 | 7月 | 8月 | 9月 | 10月 | 11月 | 12月 |

産卵期

美味

活性が高い朝まづめが釣れやすい。越冬のため栄養を蓄える秋後半も美味の時期。

📍 釣れるエリア

琉球諸島を除く北海道以南

水深 30 〜 200 m

　💬 産卵を控えたマダイは体色が変化し、鮮やかなピンク色となりサクラダイと呼ばれ味がよい。

真鯛 Pagrus major

❖ マダイの生態

分類　スズキ目・スズキ亜目・タイ科
捕食　小魚、甲殻類（エビ、シャコ、イカナゴ）
全長　最大で1m
地方名　オオダイ、ホンダイ、チャリコ

背ビレ
12棘10軟条

尾ビレ

臀ビレ
3棘8軟条

腹ビレ

胸ビレ

鼻の穴
天然、放流を見分け
る手立てとなる。

マダイの通称
実際は器具がなく重さや大きさを測れない場合もあるので
目安として以下のようになる。

20cm 未満	30cm 未満	1-2.5kg	2.5kg 以上
チャリコ	小ダイ	中ダイ	大ダイ・ホンダイ

釣り上げられた時のマダイは色味が鮮
やかだが死後時間が経つと色褪せる。

写真提供：望月哲也

HINT　稚魚はリリースしよう

国内のマダイは釣獲量は漁獲量より上回り、資
源確保のため様々な方面から資金を個人遊漁船
などの募金を各行政や財団法人が、稚魚を放流
している。つまり、それの一部を釣り人が釣っ
ている。堤防などで「稚魚リリースのお願い」
があるのはそのためだ。

POINT　釣ったマダイは天然物？

通常、どの魚も水を取り入れて吐き出すため魚の
鼻の穴は全部で4つ。しかし放流のマダイは稚魚
時の餌の影響なのか発達せず2
つしかないことが多い。釣ったマ
ダイが放流か天然かを見分ける
には鼻の穴の数を数えてみよう。

水を吸う
水を吐く
魚の側面

💬 マダイの養殖は餌の影響で体色が黒ずんでしまい、改善する研究が盛んに行われている。

53
LEVEL
★★★★☆

マダイ

餌 ルアー ・ 堤防 船 砂浜 他

ひとつテンヤのマダイでは
フォール（落とし込み）重視で狙う

□ 餌に使う冷凍エビをテンヤにセットする

□ 底についたらシャクって自然にフォールさせる

□ フリーフォールでテンヤを落として糸ふけがある状態で食わせる

ヒトツテンヤのタックル

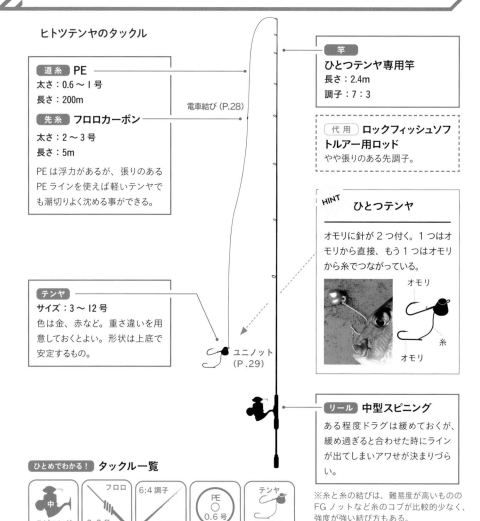

道糸 PE
太さ：0.6 〜 1 号
長さ：200m

先糸 フロロカーボン
太さ：2 〜 3 号
長さ：5m

PE は浮力があるが、張りのある PE ラインを使えば軽いテンヤでも潮切りよく沈める事ができる。

電車結び (P.28)

竿
ひとつテンヤ専用竿
長さ：2.4m
調子：7：3

（代用）ロックフィッシュソフトルアー用ロッド
やや張りのある先調子。

HINT **ひとつテンヤ**

オモリに針が 2 つ付く。1 つはオモリから直接、もう 1 つはオモリから糸でつながっている。

オモリ

糸

オモリ

テンヤ
サイズ：3 〜 12 号
色は金、赤など。重さ違いを用意しておくとよい。形状は上底で安定するもの。

ユニノット (P.29)

リール 中型スピニング
ある程度ドラグは緩めておくが、緩め過ぎると合わせた時にラインが出てしまいアワセが決まりづらい。

ひとめでわかる！ **タックル一覧**

中 スピニング	フロロ 2-3 号	6:4 調子 専用竿	PE 0.6 号	テンヤ 3-12 号

※糸と糸の結びは、難易度が高いものの FG ノットなど糸のコブが比較的少なく、強度が強い結び方もある。

テンヤは根掛かりすることも多いので、多めに持って行こう。

Check! ひとつテンヤの動き

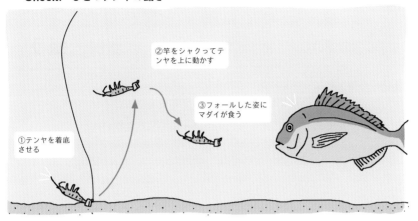

②竿をシャクってテンヤを上に動かす

③フォールした姿にマダイが食う

①テンヤを着底させる

アタリがダイレクトに伝わるヒトツテンヤ

ひとつテンヤと糸が付いたオモリ"テンヤ"を用いて針に冷凍エビをセットし、底に落とし、マダイを釣る方法。

腹から針先を出す

エビの頭

道糸

テンヤの糸

親針は腹に通し、孫針を背中に通しロックする

マダイはテンヤが沈下する「フォール（落とし込み）」で食うことが多い。テンヤは糸に直結しているためフォールでもアタリがダイレクトに届く。底に着いたらシャクって自然なフォールをさせる。これを繰り返す。もしアタリがあったらすぐに竿先を上げてアワ

セ、糸を巻く。「マダイの三段引き（P.116）」のような強い引きならマダイが掛かっている。

糸ふけでのアタリをとるには糸の出方をチェックしよう

糸のテンションを張らないでゆるめるようにテンヤを落としても、アタリを取ることができる（この糸の緩みを「糸ふけ」という）する。スプール（P.23）のフチに親指を当てて糸の出方を調整する「サミング」を行いながら、糸のたるみ具合を一定にし、糸が竿先から海面まで軽くアールを描くような状態で出す。糸の出が止まったり、アールが張ったりしたらアタリ。すぐに合わせる。タナに到達した瞬間、あるいは底ギリギリでアタリが出ることが多い。

POINT **エビの状態をチェック**

何回かシャクって手応えがない時は一度上げてエビの状態を確認してみよう。自然なフォールを心がけてもエビがボロボロになって崩れているとマダイは食わない。なくなっていたら意味がない。エビがボロボロになっていたら新しいものに変えよう。

+α **小さなアタリがビッグファイトに**

タイは引きが強いので無理せずにやりとりしたい。強引な引きの時にドラグが作動するように設定しておく。ただし、あまり緩くても魚の動きに反応できずラインがたわむだけになってしまう。また、大型になればなるほどタイの口は硬く針が貫通しづらくなり、時に針が外れてしまう事も。

💬 テンヤは本来あまり重くない方がよいが、潮の流れが速かったり2枚潮（P.38）の場合は重くする。

マダイ

餌 ルアー ・ 堤防 船 砂浜 他

タイラバでは巻き上げ作業に変化をつけて誘う

□ タイラバは潮が早ければ重めに、潮がゆるければ軽めにする

□ 毎秒 1m、1秒で1回転など、自分なりにカウントできるように工夫する

□ 同船した人は、全員がタナを必ず守って誘うことでマダイを浮かす

タイラバのタックル

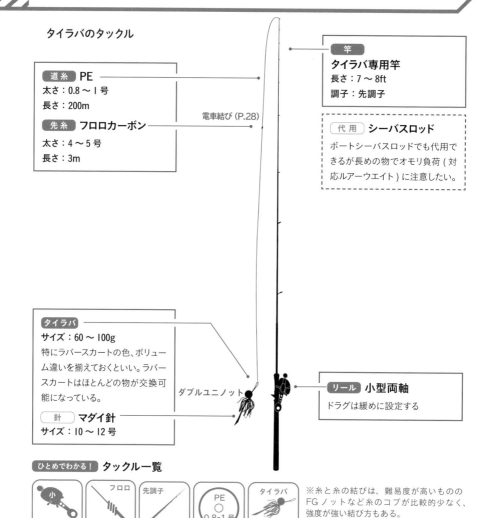

竿
タイラバ専用竿
長さ：7～8ft
調子：先調子

代用 シーバスロッド
ボートシーバスロッドでも代用できるが長めの物でオモリ負荷(対応ルアーウエイト)に注意したい。

道糸 PE
太さ：0.8～1号
長さ：200m

先糸 フロロカーボン
太さ：4～5号
長さ：3m

電車結び (P.28)

タイラバ
サイズ：60～100g
特にラバースカートの色、ボリューム違いを揃えておくといい。ラバースカートはほとんどの物が交換可能になっている。

針 マダイ針
サイズ：10～12号

ダブルユニノット

リール 小型両軸
ドラグは緩めに設定する

ひとめでわかる！ タックル一覧

小 両軸	フロロ 4-5号	先調子 タイラバ	PE ○ 0.8-1号	タイラバ 10-12号

※糸と糸の結びは、難易度が高いもののFGノットなど糸のコブが比較的少なく、強度が強い結び方もある。
※ダブルユニノットは糸を二重にしてユニノット(P.29)を結ぶ。

💬 インチクというマダイ漁でも同じような伝統漁法がある。

Check! タイラバの手順方法

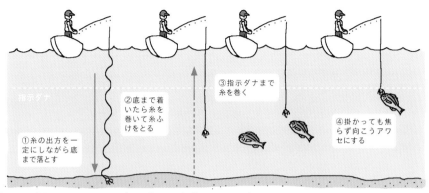

①糸の出方を一定にしながら底まで落とす

②底まで着いたら糸を巻いて糸ふけをとる

③指示ダナまで糸を巻く

④掛かっても焦らず向こうアワセにする

指示ダナ

潮の流れが速めだと、タイラバは流され斜めに引きずられることになる

タイラバは底まで落として糸を巻くシンプルな釣り

タイラバは、派手な飾りがついた針付きのオモリ。パラシュートアンカーを使って潮の流れに乗った船からタイラバを斜めに長く引き、マダイにタイラバを追わせるところを捕える釣り。タイラバから海面までの距離が長くなることで、タイラバを追わせるチャンスを増やせる。潮の流れが早ければタイラバを重めにセット、潮の流れが緩やかならできるだけ斜めに長く引かせる軽めのセッティングをして、ポイントに着いたら、スプールに親指を触れて糸の出方を調整し（サミング）、底まで落とす。底についたらリールを巻き、糸のたるみを取ってテンションを張り指示ダナまで引き上げる。これを繰り返

すだけだ。マダイが食ってくるタイミングは引き上げる時とフォールの時。ゴソゴソとアタリが合った後にグンと強い引きが起きる。強い引きがあっても、焦らず一定のスピードで糸を巻き上げる。

糸の巻き上げ速度を変える底を探るなどの工夫をする

シンプルな釣りのタイラバでやれることは、糸の巻き上げを一定の速度で速くする、またはスローにすること。その際毎秒１m、１秒で１回転など、カウントできるように工夫してみよう。潮の流れが弱くタイラバが流れず足元にあっても、糸を巻けば追いかけてくるようならマダイの食欲がある証拠なので活性が上がることも。

POINT バラしを防ぐには

もしかかっても、糸がPEのためドラグの調整が硬過ぎると簡単にバレてしまう。硬いPEラインを使っていることが原因なので、潮の流れに影響を受けず、タイラバがすぐに底に着ける細めのPEを使ってみよう。ドラグや竿の扱いでせっかく釣ったマダイをバラさず取り込もう。

+α 中層まで上がってきたらチャンス

マダイが中層まで来る時は活性が高く、小魚などを追っている時はチャンス。釣り上げたら、この時に何mでヒットしたか、スピード等を記憶しておく。またこの活性の高い時こそ、黄色のタイラバにカラーチェンジ、スカートのボリュームアップなどを試し、大型を狙ってみたい。

マダイはタモに入れるまでバラすことがあるので注意しよう。

マダイ

 餌 ルアー ・ 堤防 船 砂浜 他

マダイのコマセ釣りは数釣りも大型も狙える

□ 海面からタナを取る時は、指示ダナの水深 + ハリスの半分を基準に

□ 餌、タナのチェックなど基本に忠実に行おう

□ コマセを出し過ぎず、フォールを意識して誘う

コマセ釣りタックル

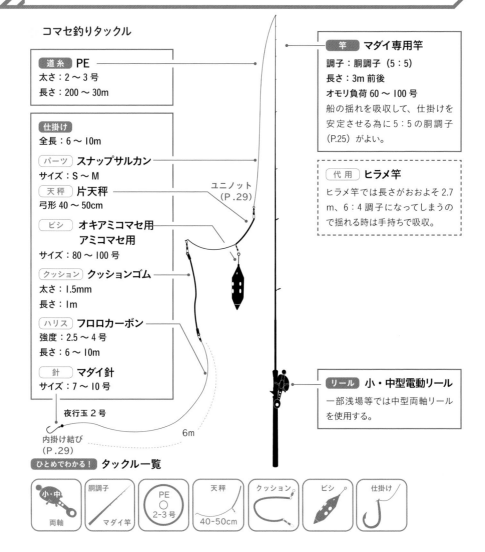

道糸 PE
太さ：2 〜 3 号
長さ：200 〜 30m

仕掛け
全長：6 〜 10m
パーツ スナップサルカン
サイズ：S 〜 M
天秤 片天秤
弓形 40 〜 50cm
ビシ オキアミコマセ用
アミコマセ用
サイズ：80 〜 100 号
クッション クッションゴム
太さ：1.5mm
長さ：1m
ハリス フロロカーボン
強度：2.5 〜 4 号
長さ：6 〜 10m
針 マダイ針
サイズ：7 〜 10 号

夜行玉 2 号

内掛け結び
(P.29)

6m

ユニノット
(P.29)

竿 マダイ専用竿
調子：胴調子（5：5）
長さ：3m 前後
オモリ負荷 60 〜 100 号
船の揺れを吸収して、仕掛けを安定させる為に 5：5 の胴調子（P.25）がよい。

代用 ヒラメ竿
ヒラメ竿では長さがおおよそ 2.7m、6：4 調子になってしまうので揺れる時は手持ちで吸収。

リール 小・中型電動リール
一部浅場等では中型両軸リールを使用する。

ひとめでわかる！ タックル一覧

小・中 両軸	胴調子 マダイ竿	PE ○ 2-3 号	天秤 40-50cm	クッション	ビシ	仕掛け

💬 ビシのサイズならエリアによって異なる。ライトタックルの場合は 40 〜 60 号。

Check! マダイのコマセ釣り

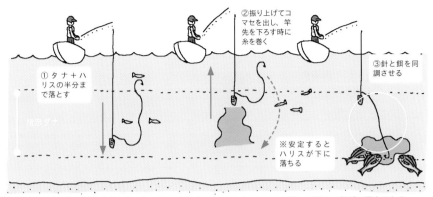

① タナ＋ハリスの半分まで落とす

② 振り上げてコマセを出し、竿先を下ろす時に糸を巻く

③ 針と餌を同調させる

※安定するとハリスが下に落ちる

指示ダナよりも多めに下ろす理由は、シャクって上げていくうちに、コマセが散った場所に針が同調するため。

コマセ釣りで釣るマダイはコマセワークを2回行う

マダイは、イサキ（P.124）と同様、船のコマセ釣りで釣ることができる。

餌はオキアミの尾の部分を切り、針に付ける。針に真っ直ぐになるように付けると餌が海中で不自然に回転しづらくなる。コマセカゴには8分目程度までコマセを入れる。ハリスが長いので、テンビン（ビシ）から投入し、指示ダナまで落とす。海面からのタナ取りの場合は、指示ダナ＋ハリスの半分を基準に深く落とし、安定したら穂先を海面まで下げ、真上に振り上げてシャクる。その位置からコマセカゴが下がらないように、穂

腹から針が出るように

先を下げる時に糸を巻く。再び海面に入れて2回目のコマセワークを行い、ロッドキーパーにセットする。底からのタナ取りは着底したら糸を2～3m巻き上げ、コマセワークを2回に分け、指示ダナに合わせる。ポイントはコマセと針が同調すること。

基本に忠実に行い、特にタナは必ず守る

置き竿は放置すると餌を取られていることもあるので、数分と時間を決めて再投入したい。コマセ釣りではマダイを浮かせて反応させる事が重要。船長は魚探を見ながら反応が持ち上がりそうなエリアに指示ダナを出す。同船した人がタナを守らないとマダイが浮かんでこないので必ずタナを守ろう。

POINT **コマセは出すぎないように**

コマセをコマセカゴから出すぎないようにする事が肝心。撒きすぎると外道が寄りすぎてしまうので、ポロポロと揺れで出るイメージが理想的。潮の速さと仕掛けの長さもポイント。数メートル先の付け餌とコマセが同調するようにする。

+α オキアミでの誘い方

マダイに餌をアピールするなら、コマセワークをやり直し、指示ダナよりハリス長さの半分以上上げ、しなった竿が安定したらゆっくり下げる。この時、漂うコマセのオキアミの中に、針に付けたオキアミはイレギュラーに動くため目立ってアピールとなる。

コマセカゴにコマセを詰める、付け餌をマメに付け変えるなど、基本に忠実に行おう。

56

LEVEL

★☆☆☆☆

イサキ

日中は水深が深め
海藻の根回りに生息する

□ 夜行性で日中は海藻が多いエリアに生息する

□ 群れで回遊し、初夏によく釣れる

□ 小魚、エビ類などをメインに食べ、産卵前の春はアジやサバの稚魚も食べる

年々減少しており、釣れる期間が限られる

イサキは本州中部から南で獲れる魚。稚魚の時からやや夜行性で、日中は水深が深めの海藻の根回りに生息するが夜間になると浮上して餌を食べる。

成魚になると、千葉県外房など外海に向いた沿岸域の大小の石が敷き詰められている礫底や、海藻帯に生息する。産卵はエリアによるが4〜9月。だいたい2歳で成熟する。

地域別で見る年齢と体長の比較（単位はcm）

	1歳	2歳	3歳	4歳	5歳	6歳
三重県	9	15	19	23	26	28
神奈川県	12	17	21	24	–	–
静岡県	11	18	23	27	–	–

産卵期は禁漁の規制をかけている地域もある。産卵前の3月から活性が高くなるが、水温が下がる10月頃になるとあまり食べなくなり、12月から2月はほとんど食べない。そのため成長のスピードが遅いと考えられている。稚魚の段階で定置網に掛かることが多く、年々減少し水産庁や自治体が放流に力を入れている。

群れで回遊し、夜行性エビ類や小魚を食べる

イサキは群れで泳いで小魚などを食べる。通年、キビナゴ、マイワシ、カタクチイワシ、甲殻類のエビ、カニ類を主に食べているが、春は小魚やエビ類だけでなく、十脚類やシャコ類やアミ、マアジやサバの稚魚、カイアシ類（プランクトンの甲殻類のような生物）も食べる。磯に居つくが、群れで行動しているので一度掛かれば周辺にはたくさんのイサキがいることがわかる。但し、回遊魚でもあるのでポイントはすぐにずれる。夜行性のため、陽が落ちる時間帯から始め、ルアーフィッシングとしても人気が出ている魚だ。

📅 **24 Calendar**

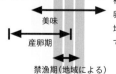

通年釣れるが、産卵期は活性がよく、初夏で中、大型のものが一番美味。産卵期の後は禁漁期間が設けられている地域があるので、船宿のホームページで確認しよう。

📍 **釣れるエリア**

日本海側は石川県から長崎県、太平洋側は千葉県から鹿児島県まで

外洋に面した海

💬 稚魚の時期に定置網に掛かってしまうことから数が減り、放流を各自治体が行っている。

伊佐木 Parapristipoma trilineatum

❖ イサキの生態

分類　スズキ目・イサキ科・イサキ属
捕食　カタクチイワシやオキアミ
全長　最大で 50cm 前後
地方名　イサギ、イッサキ、クロブタ

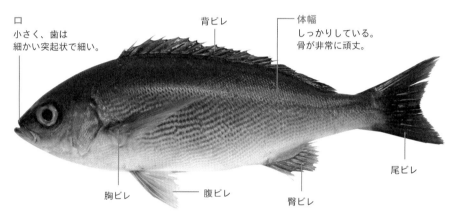

口
小さく、歯は
細かい突起状で細い。

背ビレ

体幅
しっかりしている。
骨が非常に頑丈。

尾ビレ

胸ビレ　　腹ビレ　　臀ビレ

イサキの幼魚はウリンボウと呼ぶ

イサキの幼魚は体に沿って白い線の模様が 3
本入っている。成長と共に消える。
イノシシも子供の時だけ白い線の模様が入り
「ウリンボウ／ウリボウ」と呼ばれるが、この
状態のイサキも「ウリンボウ／ウリボウ」と呼ぶ。

HINT
美味しいサイズは 30cm 前後

イサキは 30cm 前後が美味しいサイズとされ
ているが、このサイズを釣るのは難しいもの。
船の場合は、群れのポイントにうまく入ると止
まらないほど釣れることもある。資源確保のた
めにも、小さい魚はリリースしてあげたい。

POINT **数釣りとサイズ狙いの仕掛け**

イサキ釣りには、色々な仕掛けがある。毛バリ
状のウィリーという仕掛けに反応する場合は、
餌付けがいらず手間がかからない。イカの身を
小さく角切りしたイカタンも餌持ちがよいため
手返しがよい。オキアミの付け餌は外道に取ら
れる場合もあるが、大物が狙える。

💬 夜行性で月夜と暗夜では、暗夜の方が 2、3 倍多く漁獲される。

57

LEVEL
★★☆☆☆

群れに撒き餌と針をうまく
同調させるこまめな探りが効く

- □ **イサキは群れで動くのでコマセでよく釣れる**
- □ **ビシからコマセがきちんと出るようにし、針と同調させるようにする**
- □ **付け餌とコマセがなくなっていないかこまめにチェックする**

LT イサキ釣りのタックルと仕掛け

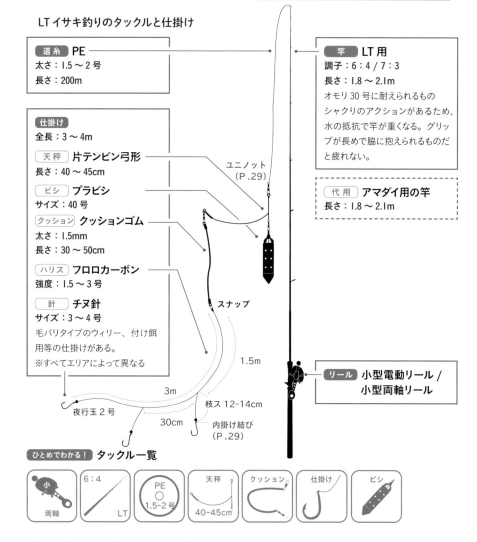

道糸 PE
太さ：1.5 ～ 2 号
長さ：200m

仕掛け
全長：3 ～ 4m

天秤 片テンビン弓形
長さ：40 ～ 45cm

ビシ プラビシ
サイズ：40 号

クッション クッションゴム
太さ：1.5mm
長さ：30 ～ 50cm

ハリス フロロカーボン
強度：1.5 ～ 3 号

針 チヌ針
サイズ：3 ～ 4 号
毛バリタイプのウィリー、付け餌
用等の仕掛けがある。
※すべてエリアによって異なる

ユニノット
（P.29）

スナップ

1.5m

3m

夜行玉 2 号

30cm

枝ス 12-14cm

内掛け結び
（P.29）

竿 LT 用
調子：6：4 / 7：3
長さ：1.8 ～ 2.1m
オモリ 30 号に耐えられるもの
シャクリのアクションがあるため、
水の抵抗で竿が重くなる。グリッ
プが長めで脇に抱えられるものだ
と疲れない。

代用 アマダイ用の竿
長さ：1.8 ～ 2.1m

リール 小型電動リール /
小型両軸リール

ひとめでわかる！ タックル一覧

小 両軸	6：4 LT	PE 1.5-2 号	天秤 40-45cm	クッション	仕掛け	ビシ

💬 イサキは群れのため、釣れれば入れ食いとなる。

Check! イサキのコマセ釣り

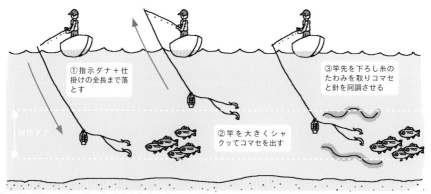

① 指示ダナ＋仕掛けの全長まで落とす

② 竿を大きくシャクッてコマセを出す

③ 竿先を下ろし糸のたわみを取りコマセと針を同調させる

潮の流れが速い時は、プラビシも流されやすくコマセが多く出る。コマセチェックはこまめにすること。

コマセ釣りは仕掛けの全長を把握しておく

イサキは回遊魚のため沖合に行く船のコマセ釣りでよく釣れる。

コマセ釣りでは、船宿によって使用する餌が異なり、イカタンかオキアミのどちらか。付け餌がイカをカットしたイカタンの場合は針から1cm残る程度にチョン掛けする。オキアミなら尾をカットし、まっすぐになるよう腹から針が出るように仕込む。プラビシ（P.87）にアミコマセを8分目まで入れ、コマセが出る穴を1/3〜半分開けておこう。ハリスが長いため絡まないように仕掛けを海に入れてから天秤を投入する。

イカタンは赤く染めてある

腹から針が出るように

POINT タナとコマセのチェック

イサキの群れはタナ内の移動が多く、勢いよく泳ぐため、気がつけばイサキが船の下から過ぎ去っていることも多い。周りが釣れて、自分だけ釣れない場合は、タナを誤っている場合がほとんど。また、ビシからこぼれ落ちるアミコマセの量も調整してみよう。

イサキの群れにコマセと針を同調させるためには

ポイントに着き、船長から指示のあったタナ（指示ダナ）まで落とす。その際、指示ダナ＋仕掛けの全長の合計までプラビシを落とす。投入からタナまでの長さを測るには道糸のマーカー（P.26）で判断する。プラビシがタナに到達したら、勢いよく竿先を上げてシャクリ、ビシの中のアミコマセを海中に撒く。シャクッた後、竿の反発が安定したら、竿先を下げつつ、たわんだ分の糸を巻く。たわんだ分の糸を巻くことで、撒いたコマセと針の位置が同調し、コマセにつられたイサキが付け餌を食う。シャクッて竿が軽く感じたらプラビシの中のコマセがなくなっているので、引き上げて詰め直そう。

+α シャクリのあとにストップさせる

イサキはいるのにあまり食ってこない時など「食い渋る」時は、例えば2〜3回だけシャクッて、そのま竿を2、3秒ストップさせてみよう。潮の流れによるが、2、3秒後に撒き餌が針と同調する。ストップさせると食わせる間ができるため、イサキが食いつく可能性がある。

毛針のウィリー仕掛けもある。付け餌をせず手返しがよい。先針がカラ針なら見せ餌を付ける。

シーバス

シーバスは大きさを競う
ゲームフィッシュの対象魚

- □ 通年釣れるが春のバチ抜けシーズンから秋が狙い目
- □ 船なら日の出、日没時がよく、陸からはナイトゲームが盛ん
- □ 捕食のパターンをイメージしてルアーを操り誘う

人気魚種シーバス（スズキ）は春から秋によく釣れる

シーバスは主に海水だけでなく淡水の河川付近の汽水、淡水エリアにも分布する。10～1月あたりが産卵期にあたり、地域によってはこの時期はよいサイズが釣れる。

基本的に潮の流れがあるところに生息し、春から夏は浅場や、海底の岩などの凹凸が多い魚礁によく集まる。秋冬は水深のある外海域に向けて南下移動する。オスは3歳（約40cm）、メスは4歳（約45cm）程度になると成熟する。

地域による年齢と体長の目安（単位：cm）

	三陸沖	仙台湾	房総沖	若狭湾	播磨灘	長崎県
1歳	22	21	19	20	17	26
2歳	30	29	29	34	30	36
3歳	39	37	37	45	38	45
4歳	44	42	46	54	49	52
5歳	50	53	60	60	59	65
6歳	51	48	58	58	58	59
7歳	56	56	65	70	–	70

体長（成熟度）に合わせた呼び名※

	関東	関西	東海	宮城
20-30	セイゴ		マダカ	セッパ
40-60	フッコ	ハネ		
60-99	スズキ			
100-	オオタロウ			

※厳密なサイズは地域や個人の見解によって異なる

捕食の方法

朝まづめ、夕まづめに活性が高い。目で小魚やエビ・イカなどを認識し、特に動く餌に強い興味を示す。耳もよく、餌の動いた音などにも反応する。捕食方法は、吸い込みまたは餌にかぶりつき、一旦離してから一飲みに摂食する。魚礁など入り組んだ場所では小魚を背後から追って大きな口を全開にして勢いよく飛びかかり丸飲みする。

基本的には中層を泳ぐが行動範囲が広く、底から表層まで移動する。主食のカタクチイワシは基本的に上層を泳いでいる魚なので、シーバスの視軸は上向きだ。ルアーの場合などはスズキがいるタナより少し上で誘うとよいだろう。

1 2 3 4 5 6 7 8
月 月 月 月 月 月 月 月

産卵期

美味

通年釣れるが、数を狙うならよく釣れるバチ抜けシーズンを狙ってみよう。初夏はアユの稚魚を追って遡上することも多い。

琉球諸島を除く北海道以南

「海でのブラックバスのような釣り」という意味からスズキのことをシーバスと呼ぶ。

鱸 Lateolabrax japonicus
<ruby>鱸<rt>すずき</rt></ruby>

❖ シーバス（スズキ）の生態

分類　　スズキ目・スズキ科・スズキ属
捕食　　イワシ、コノシロ、アユ、ゴカイ類ほか
全長　　最大で1m前後
地方名　セイゴ・フッコ・ハネ・ユダカ（ユタカ）

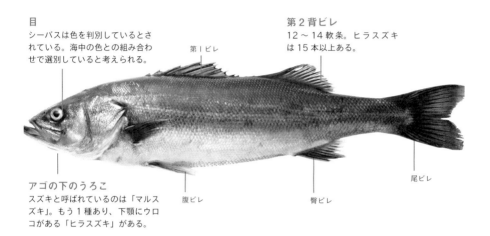

目
シーバスは色を判別しているとされている。海中の色との組み合わせで選別していると考えられる。

第1ビレ

第2背ビレ
12〜14軟条。ヒラスズキは15本以上ある。

尾ビレ

アゴの下のうろこ
スズキと呼ばれているのは「マルスズキ」。もう1種あり、下顎にウロコがある「ヒラスズキ」がある。

腹ビレ

臀ビレ

上の写真と同じマルスズキ。

写真提供：久松慎一

別種のヒラスズキ。体高があり顔が小さい。尾ビレの形がやや異なる。

写真提供：松浦信吾

MEMO　ヒラスズキとマルスズキ

スズキと呼ばれているのは「マルスズキ」で、スズキにはもう1種「ヒラスズキ」がある。主に釣れるのは「マルスズキ」。ヒラスズキは体高があり、顔が小さい。ヒラスズキは日本海にはあまり生息しない。味もよく、シーバス好きなら釣りたい魚種の一つ。

MEMO　スズキは歴史のある魚

スズキはタイと同様にありがたい魚として扱われてきた。平安時代には平家の神魚として、その後の時代でも幕府将軍や貴族の饗膳食として利用され、その上品な味は今も変わらない。古事記にも登場するなど、歴史のある魚でもある。

💬 シーバスフィッシングではマルスズキの方が釣れる確率が高い。

シーバス ‖ 餌 ルアー ・ 堤防 船 砂浜 他

季節ごとのマッチ・ザベイトを 理解してルアーを選ぶ

□ ストラクチャーまわりの表層から底へとルアーを変えて狙う

□ 広い場所ではタダ巻きをする

□ マッチ・ザ・ベイトを意識したルアー選びをする

タックル

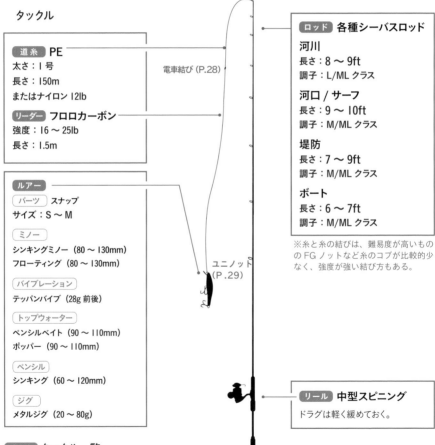

道糸 PE
太さ：1号
長さ：150m
またはナイロン 12lb

リーダー フロロカーボン
強度：16 〜 25lb
長さ：1.5m

電車結び (P.28)

ルアー

パーツ スナップ
サイズ：S 〜 M

ミノー
シンキングミノー（80 〜 130mm）
フローティング（80 〜 130mm）

バイブレーション
テッパンバイブ（28g 前後）

トップウォーター
ペンシルベイト（90 〜 110mm）
ポッパー（90 〜 110mm）

ペンシル
シンキング（60 〜 120mm）

ジグ
メタルジグ（20 〜 80g）

ユニノット (P.29)

ロッド 各種シーバスロッド

河川
長さ：8 〜 9ft
調子：L/ML クラス

河口 / サーフ
長さ：9 〜 10ft
調子：M/ML クラス

堤防
長さ：7 〜 9ft
調子：M/ML クラス

ボート
長さ：6 〜 7ft
調子：M/ML クラス

※糸と糸の結びは、難易度が高いものの FG ノットなど糸のコブが比較的少なく、強度が強い結び方もある。

リール 中型スピニング
ドラグは軽く緩めておく。

まとめ タックル一覧

サイズを測るスケール、フィッシュグリップは必需品。シーバスの棘はするどく怪我しやすいのでそのまま掴むと怪我をする。

Check! ルアーの探り方

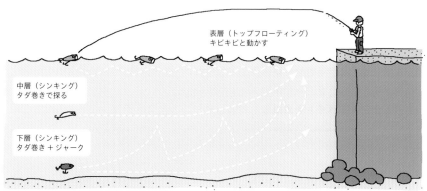

表層（トップフローティング）
キビキビと動かす

中層（シンキング）
タダ巻きで探る

下層（シンキング）
タダ巻き＋ジャーク

ルアーによって動きを変えて海の中を探る（P.21）。狙う場所によってどのレンジなのかを探るのも重要。

基本の障害物（ストラクチャー）を狙う

　河川では、テトラなどのストラクチャーまわり、橋脚があればその周囲の表層と底を狙う。まずは橋桁からなら上流側の表層をフローティングミノーで狙い、そのあと周囲を探る。反応無しなら、バイブレーションで同じ際の周辺のボトムを取ってリトリーブしてみよう。基本はバイブレーションやシンキング系のルアーをキャストし、底を取ったら、タダ巻き。ルアーを引く距離が長いほどヒットのチャンスが増えるので、風などのコンディションでも飛距離が落ちないようにルアーチェンジをし、それでも反応がなければカラーチェンジして探ろう。

季節ごとのシーバスサイズを把握

　シーバスは、成長具合や産卵シーズンなど食べる餌の大きさが異なる。いわゆるマッチ・ザ・ベイト（P.42）を意識してルアーを選ぼう。フックサイズや形状にもこだわると釣果アップにつながる。また、ルアーは手首のスナップを利かせてロッドを動かす「トゥイッチ」、ロッドを持った腕で大きくあおってすぐ戻す「ジャーキング」を活用するとよい。

トゥイッチ
手首のスナップを利用してロッドを細かく動かす。ルアーはチョンチョンと動く。

ジャーク
ロッドを大きく振ってルアーを大きく動かす。

POINT シーズン狙いでサイズをUP

4～5月のバチ抜け（P.126）シーズンや、産卵の10～11月が釣れやすい。秋のシーバスはサイズが大きくなるので、ルアーもサイズを大きくするなどして備えよう。シーバスは季節、潮汐も非常に影響の出る魚だ。海のトータルな知識を理解すれば釣果につながる。

＋α U字効果

ある程度潮がある時に、ルアーを潮の上流に遠投すると、潮の流れに合わせてルアーが自分の近くまで戻ってくる。上流に投げると、その時海の中ではU字の状態で糸フケができるので、リールを巻いて糸フケを取るとルアーにアクションがかかる時によく食いつくといわれる。

ビギナーはストラクチャーにぶつけてルアーを破損したり、ひっかけてロストしたりするので注意。

ヒラメ

器用にジャンプし 小魚を食べるヒラメ

- □ 大型を狙うなら冬場がよい
- □ 噛み付き弱らせて、一度離し、改めて飲み込む
- □ 成魚になると 9 割が小魚を食べている

大型ヒラメは 冬によく釣れる

ヒラメは沖縄県を除く日本のほぼ全域に分布する。産卵時は水深が 20 〜 50m の潮の流れが良い場所で 60 〜 90 日の間産卵する。産卵時期も餌を食べてエネルギーを補給するため、遊泳行動も活発となる。

夏は浅瀬の数釣りで砂浜から投げ釣り、冬は船で沖合におり、活発に捕食しないが大型を狙える。秋は越冬の準備で食欲が盛んでよく釣れる。成長の速度は地域によって大きな差がある。

年齢とサイズ（単位：cm 小数点以下切り捨て）

	1 歳	2 歳	3 歳	4 歳	5 歳	6 歳
岩手	15	24	34	40	57	–
山形	–	32-44	38-54	44-54	44-62	56
千葉	29	41	51	58	67	72
相模湾	31	45	57	65	67	83
鳥取	23	35	44	52	60	64
瀬戸内海	16	26	36	45	50	58
平均	30	40	50	60	65	70
重さ	250g	700g	1.4kg	2.5kg	3.3kg	4.5kg

平べったい体で瞬時にジャンプし 小魚を捕食する

ヒラメは体の色や斑点を周囲の砂に合わせて変化することができる魚類。砂に潜って顔だけ出し、カムフラージュして隠れている。両眼ともに表面にあり、餌が通りかかるのを確認すると、身体をグンとくねらせ海底から飛び上がり獲物に噛み付く。飛び上がる高さは、1m が平均だ。海の透明度が高いとヒラメにとっては好都合。餌を見つけたら一瞬のうちに飛び上がってかじりつく。口は大きく、また歯も鋭い。ガブリと噛みつき弱らせて、一度離し、改めて飲み込む。通りかかる魚だけでなく、落下してくる獲物に対しても同様の動きをする。成魚になると捕食の 9 割が小魚。カタクチイワシを主食とするが、シロギス、場所によってはハゼ、カサゴ、ヒイラギやサバの若魚、甲殻類。春〜秋にはイカ類も食べる。

📅 **Calendar**

| 1 2 3 4 5 6 7 8 9 10 11 12 月月月月月月月月月月月月 |

産卵期

美味

初夏の 2 〜 3 ヵ月の間に産卵をする。夏のヒラメは砂浜からも釣れるが、冬のヒラメは沖合に生息しているので船で釣る。脂がのって「寒ビラメ」といわれ美味とされる。ただし、秋冬は地域によっては禁漁の時期もあるので船宿に確認するのがよい。

📍 **釣れるエリア**

琉球諸島を除く日本のほぼ全域

水深 1 〜 200m

鮃 Paralichthys olivaceus

ひらめ

❖ ヒラメの生態

分類　　カレイ目・カレイ亜目・ヒラメ科
捕食　　小魚
全長　　最大で 1m 前後
地方名　ソゲ、ハガ、テックイ、メビキ

縁側
背ビレと臀ビレを動かす筋肉の
起立筋・下制筋・傾斜筋は「縁側」
と呼ばれ美味。

尾ビレ

写真提供：望月哲也

左ヒラメに右カレイ
魚を置いて目が上になるような
状態で顔が左にきたらヒラメ。
顔が右にきたらカレイ。ただし、
例外もある。

生息する水深
青森西津軽 20 〜 200m、茨城 30 〜
120m、東京湾 30m（6月）225m（冬）
鳥取 100 〜 200m（沖合に分布）と地
域によって差がある。また、ヒラメは季
節によって活動域が異なる。

腹側
天然ものは腹が真っ白。

写真提供：望月哲也

HINT
天然と放流（養殖）の違い

ヒラメの腹を見て斑点があるものは放流された
もの。ヒラメもマダイなどと同様に各行政が水
産資源の確保に努め、毎年稚魚を放流している。
例えば神奈川県だと、ヒラメは 6cm の稚魚を
20 万匹放流している。釣ったヒラメが天然か
放流か見分けるのもまた釣りの醍醐味の一つ。

POINT **稚魚の時は目が両側にある**

ヒラメやカレイの目は表面にあるが、実は稚
魚の時はほかの魚と同様に両側面にある。生
後 20 〜 40 日の成長段階で脳にねじれが起き、
片側に目が移動することが最近の研究により明
らかになった。

💬 放流は需要の供給、資源確保のほか養殖技術の向上など調査や研究の対象のために行われている。

ヒラメ

餌 ルアー ・ 堤防 船 砂浜 他

ヒラメ釣りは底の少し上で 活き餌を泳がせて釣る

- □ イワシを自由に泳がせ自然な誘いをする
- □ 底に根掛かりさせないよう、着底させておくことが重要
- □ アタリがあったら確実に針掛かりさせてアワセる

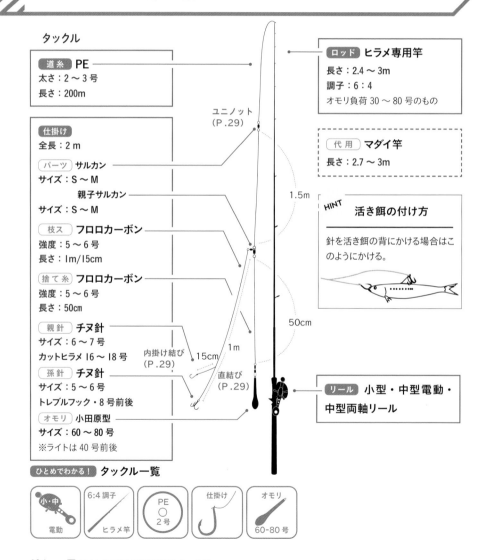

タックル

道糸 PE
太さ：2～3号
長さ：200m

仕掛け
全長：2m

パーツ サルカン
サイズ：S～M

親子サルカン
サイズ：S～M

枝ス フロロカーボン
強度：5～6号
長さ：1m/15cm

捨て糸 フロロカーボン
強度：5～6号
長さ：50cm

親針 チヌ針
サイズ：6～7号
カットヒラメ 16～18号

孫針 チヌ針
サイズ：5～6号
トレブルフック・8号前後

オモリ 小田原型
サイズ：60～80号
※ライトは40号前後

ユニノット
（P.29）

1.5m

50cm

内掛け結び
（P.29）

15cm

1m

直結び
（P.29）

ロッド ヒラメ専用竿
長さ：2.4～3m
調子：6：4
オモリ負荷 30～80号のもの

代用 マダイ竿
長さ：2.7～3m

HINT **活き餌の付け方**

針を活き餌の背にかける場合はこのようにかける。

リール 小型・中型電動・中型両軸リール

ひとめでわかる！ タックル一覧

小・中 電動	6:4調子 ヒラメ竿	PE ○ 2号	仕掛け	オモリ 60-80号

Check! ヒラメの泳がせ釣りの方法

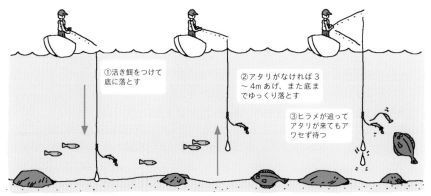

①活き餌をつけて底に落とす

②アタリがなければ3〜4mあげ、また底までゆっくり落とす

③ヒラメが追ってアタリが来てもアワセず待つ

捨て糸が50cmだと、ちょうどヒラメが追いやすい距離にある。

捨て糸の長さを調整する

海底に生息するヒラメは船釣りでも釣れる。そこでチャレンジしたいのがヒラメの泳がせ釣りだ。イワシを活き餌として使い底へ落とし、自由に泳がせてヒラメに食わせる方法だ。イワシの口と背に針を掛けたら、竿をロッドキーパーに置いた状態で、オモリを持ち、イワシを先にそっと投入する。竿を持ち、親指でスプール（P.23）を押さえ、道糸が出過ぎないようゆっくりと落としていく。岩礁帯やキツイ根回りがある場所には、着底後、すぐにタナを切り落とし込んで行くようなイメージで狙う。底がゆるやかな起伏の場合は捨て糸を1m程度にしておくと、イワシが多少自由に泳ぐので、自然な誘いとなる。岩礁帯の場合は、50cm程度にしないとヒラメがいない層を泳がせることとなる。

食わせる時間を作って待つことが大事

投入後、道糸を張り底をとる。ヒラメが追うと活き餌が暴れるので穂先を見て、活き餌の動きやヒラメのアタリに集中する。アタリがあってもすぐにアワセず待つ。徐々にアタリが強くなり、竿が引き込まれたら大きくアワセる。仕掛けを上げた時や、落とす時に食うこともあるので、アタリがない場合は3〜4mそっと上げてゆっくり底に戻す。掛かったら、食わせて竿先をすーっと上げてアワセて巻く。アタリがあって慌てて巻くとハリスが切れてバラしやすいので注意。

POINT オモリの感触に集中する

アタリがあったら竿先を下げるか、少しラインを出し、竿に掛かるテンションを緩め、食い込みの違和感をなくして待つ。アタリが次第に大きくなった時に合わせる。大物のヒラメが掛かることも多いのでドラグ調整は完璧に設定したい。

+α 大物は根掛かりしやすい所にいる

ヒラメは食わせる間が重要になるが、大物が多い岩礁帯や根回りのポイントでは勝負どころが満載。食い込みの時間を長くすると根掛かりの危険、早くアワセればバラシの危険があるがそこがこの釣りの勝負所。その日のヒラメの活性を早くつかむ事が重要となる。

しっかり食わせるためにじっくり待つ「ヒラメ40、マゴチ20」という言葉がある。

62

LEVEL
★★★★★

ヒラメ ｜ 餌 ルアー ・ 堤防 船 砂浜 他

サーフでヒラメを狙うなら
遠浅の砂浜を選んで遠投する

□ 場所選びと時合が一番重要、ビギナーなら遠浅の砂浜

□ 主に中層を狙って、ヒラメが飛びついて来るのをイメージして狙う

□ 波や地形の変化がありそうな場所を探してキャストし続ける

サーフのヒラメタックルとラインシステム

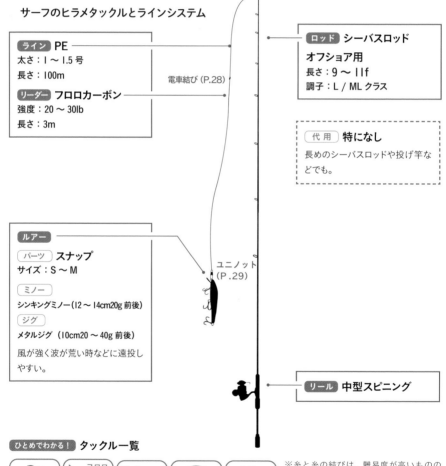

ライン PE
太さ：1 〜 1.5 号
長さ：100m

リーダー フロロカーボン
強度：20 〜 30lb
長さ：3m

電車結び (P.28)

ロッド シーバスロッド
オフショア用
長さ：9 〜 11f
調子：L / ML クラス

代用 特になし
長めのシーバスロッドや投げ竿などでも。

ルアー

パーツ スナップ
サイズ：S 〜 M

ミノー
シンキングミノー(12 〜 14cm20g 前後)

ジグ
メタルジグ（10cm20 〜 40g 前後）
風が強く波が荒い時などに遠投しやすい。

ユニノット
(P .29)

リール 中型スピニング

ひとめでわかる！ タックル一覧

※糸と糸の結びは、難易度が高いものの
FG ノットなど糸のコブが比較的少なく、
強度が強い結び方もある。

釣る場所は、マリンスポーツをしている人がいない場所を選ぼう。

Check! 離岸流の仕組み

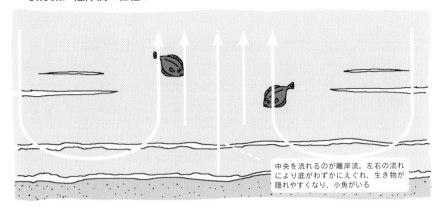

中央を流れるのが離岸流。左右の流れにより底がわずかにえぐれ、生き物が隠れやすくなり、小魚がいる

遠浅の砂浜や河口付近を探して釣ろう

ヒラメは砂浜からもよく釣れる。ルアーを遠投して、特にアクションをせずに巻いていくだけとカンタン。だが、場所選びと時合が最も重要で、陽が出る前の早朝（朝まづめ）は釣れる確率が高い。良い場所の条件は遠浅の砂浜。河口もプランクトンに群がる小魚を狙うヒラメがいることもあるので良ポイント。

基本の釣り方

タックルは遠投できるシーバスロッド。キャストし、着水したら3〜5秒カウントし、底を取らなくてもよいが、ヒラメがベイトしそうな中層まで落とし、タダ巻きする。

糸を巻くのは波のスピードより速くするのが基準。主に中層を狙って、ヒラメが飛びついて来るのをイメージしよう。小魚（ベイト）が多いポイントは、離岸流や河口、地形が盛り上がっているカケアガリなどを探す。ヒラメは一定の場所にいないので、歩いてポイントを探す「ランガン」をしたり、波や地形の変化がありそうな場所を探してキャストし続けよう。アタリは明確なので掛かったらすぐに巻こう。

カケアガリには魚が居着く。ヒラメもその魚を狙ってカケアガリにいることがある

POINT ワームも使ってみよう

イワシサイズのワームとジグヘッドでカケアガリなどを狙ってもよい。ヒラメが捕食するイワシ、シロギス、その他稚魚をイメージしてルアーを選ぼう。時間帯によって好まれる色が異なるが日中になればイワシカラーなどを使うのがおすすめ。

+α ミノーはタダ巻きでOK

ルアーアクションは基本的に不要。あまりルアーが動くとヒラメが追わないようだ。メタルジグはすぐに着底するので、竿を動かしてルアーを上下させるリフト＆フォールで誘うなど、釣れない時の原因は場所、時間、誘いの要素。手を考えてみよう。

63

LEVEL
★★★★☆

マゴチ

平らな体で大きな口を持つマゴチは餌を食べるまで待つことが肝

- □ 夏場は産卵のため、浅瀬にくるので釣れるシーズン
- □ 普段は砂に隠れて獲物が来たら飛びかかり噛み付く
- □ 一度噛み付いたらもう一度本気で噛み付いて食す

マゴチは産卵期の夏が釣りのシーズン

マゴチはすべてオスで生まれる。2歳を超え、体長が35cmほどになるとメスになる。生まれてから浮遊期間を過ごし、稚魚1.5cm程度で底に移動する。4～7月になると浅海の小石が混じる砂泥域に移動し産卵する。

年齢と体長（単位：cm）

	1歳	2歳	3歳	4歳	5歳
東シナ海	18	30	35	40	46

通常は、秋になると水深50mの深場に移動する。冬は冬眠し、春に浅瀬に移動し始める。釣りのシーズンは産卵のため浅瀬にやって来る夏。夏はボートで釣ったり、サーフ、ルアーで狙う釣り人も多い。ベストのポイントはヒラメ（P.136）のサーフ同様、河川が流れ込む場所や離岸流など。マゴチの捕食ターゲットのイワシやシロギスを模したソフトルアーなどで行う。

同じ生息域にいるヒラメとの違い

ヒラメと同じ生息域にいるマゴチは類似性がある。マゴチは深い所では水深50m、夏場は浅瀬の海底で砂に潜って獲物を待つ。

マゴチは獲物が近くに来たら飛びかかり大きな口を開けて噛みつく。獲物が小さければそのまま噛み砕き、大きい場合は「ヒラメ40、マゴチ20」といわれる釣りの言葉があるように、マゴチはアタリがあっても20秒ほど辛抱強く待てば、マゴチが餌をしっかりと食べ始め針に掛かる。

ヒラメとマゴチの捕食の違いは、ジャンプ力にあり、ヒラメはやる気がある時は数m追いかけアジなども捕食するが、マゴチはせいぜい1～2m。食べる小魚は、底スレスレで泳ぐキスやメゴチ、ハゼなど。ヒラメもマゴチも砂泥域の小石が混じる場所を好むが、マゴチは砂泥域の方をより好む。

📅 24 Calendar

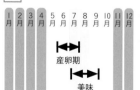

| 1月 | 2月 | 3月 | 4月 | 5月 | 6月 | 7月 | 8月 | 9月 | 10月 | 11月 | 12月 |

産卵期

美味

産卵を迎える夏がシーズン。朝、夕づめに小魚の活性が高くなるのに合わせて捕食するため、この時間帯に釣れやすい。

📍 釣れるエリア

北海道南部以南の日本近海

夏：水深5～30m

💬 マゴチもシイラと同様に、夫婦で生息していると言われる。

真鯒 ま ご ち Scomber japonicus

❖ マゴチの生態

分類	カサゴ目・コチ科・コチ属
捕食	エビ、小魚
全長	最大で 50cm 前後
地方名	ガラゴチ、クロゴチ、ゼニゴチ、ヨゴチ

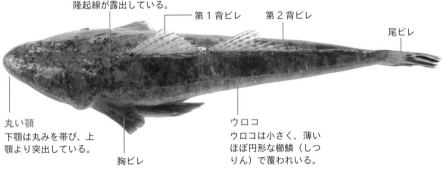

マゴチの頭
頭部の背面には数条の骨質隆起線が露出している。

第1背ビレ　第2背ビレ　尾ビレ

丸い顎
下顎は丸みを帯び、上顎より突出している。

胸ビレ

ウロコ
ウロコは小さく、薄いほぼ円形な櫛鱗（しつりん）で覆われいる。

体と頭は薄いが口は大きい
マゴチは平べったい体をしている。頭部も非常に薄いが口は大きく開く。

POINT マゴチ釣りが人気の理由

これまではヒラメ釣りの外道というイメージであったが、近年マゴチ釣りの人気が上がった。活き餌を使うシンプルな仕掛け、浅い棚で釣りやすく女性にも人気だ。

餌をくわえてから、食わせるまでのプロセス、餌を食べるまで待つこともスリリングな時間を楽しめる。

餌にするのは20cm程度の活きエビが基本だが、マハゼやイトヒキハゼを使う事も多い。船宿によっては餌を釣ってからマゴチのポイントに向かう場合もあり、これも楽しい部分。まさにそのポイントにいる「餌」で釣る。

また、マゴチは砂浜や河口エリアで狙え、東北エリアではソフトルアーで狙う人も多い。

船の場合でも東京湾の餌釣りを含めて、水深20ｍ前後と沖合に出ないことも人気になった理由の一つ。

POINT マゴチは非常に美味

日本の釣りと食には「季語」が入るものが多く、このマゴチは「照りゴチ」と呼ばれ夏の時期に旬を迎える。刺身状にしてから氷水で身を締める「洗い」や魚の脂と煮汁を冷蔵庫で冷やして作る「煮こごり」等は有名。身は白身で美味しく、煮ても良し揚げても良し。様々な料理に合う魚だ。

💬 マゴチとコチは似ているが、コチは沖合を好んで生息し、下顎がやや尖り体色が明るいのが特徴。

マゴチ

餌 ルアー ・ 堤防 船 砂浜 他

マゴチ釣りは
活き餌の鮮度を保つことが重要

□ 活き餌の針を付ける方法ををマスターする

□ 活き餌にはなるべく触らず弱らせない

□ アタリがあってもすぐに合わせず、次のアタリが来るまで待つ

タックルと仕掛け

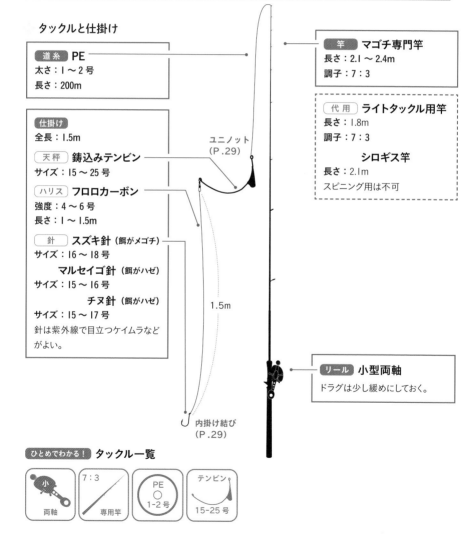

道糸 **PE**
太さ：1～2号
長さ：200m

仕掛け
全長：1.5m

天秤 **鋳込みテンビン**
サイズ：15～25号

ハリス **フロロカーボン**
強度：4～6号
長さ：1～1.5m

針 **スズキ針**（餌がメゴチ）
サイズ：16～18号
マルセイゴ針（餌がハゼ）
サイズ：15～16号
チヌ針（餌がハゼ）
サイズ：15～17号
針は紫外線で目立つケイムラなど
がよい。

ユニノット
(P.29)

1.5m

内掛け結び
(P.29)

竿 **マゴチ専門竿**
長さ：2.1～2.4m
調子：7：3

代用 **ライトタックル用竿**
長さ：1.8m
調子：7：3

シロギス竿
長さ：2.1m
スピニング用は不可

リール **小型両軸**
ドラグは少し緩めにしておく。

ひとめでわかる！ **タックル一覧**

小 両軸	7：3 専用竿	PE ○ 1-2号	テンビン 15-25号

マゴチを釣ったら小まめに針チェックをしよう。針がザラザラしていたら付け替えた方が無難。

Check! 活き餌のマゴチ釣り

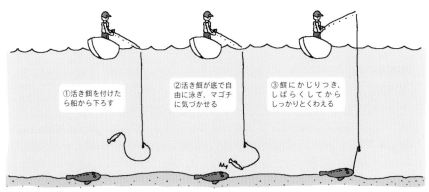

①活き餌を付けたら船から下ろす

②活き餌が底で自由に泳ぎ、マゴチに気づかせる

③餌にかじりつき、しばらくしてからしっかりとくわえる

餌を生きたまま使用する

活き餌を底に這わせて食わすマゴチ釣り

マゴチ釣りに最も適しているのは、活き餌を使って底を這わせ、マゴチに食わせて針掛かりをさせる釣り。

生き餌に使われるのはキス、エビ、ハゼ。魚類は針を口から入れて上顎から出す。エビも口から針を入れて、脳を傷つけないように頭部から出す。活き餌は事前に釣っておくか、または販売している船宿もあるので確認しよう。活き餌は鮮度が命なので、針を通す際に弱らせないよう注意。

活き餌に針を掛けたら船から真下に落とし、オモリテンビンを持ってそっと投入する。オモリが底が着いたらテンションを張り、底から1m程度竿を上げて活き餌が自由に動ける状態を作る。マゴチは底にべったりと隠れて生息しているが、底から10cm程度は捕食のために餌を襲う。15秒ほどキープし、アタリがない場合はもう一度底に落とし、同じ動作を繰り返す。

アタリがあっても慌てず待つ

うまく釣り上げるには、アタリがあったら、素早く竿先を下げ、糸に余裕を持たせて食い込ませる。「ヒラメ40、マゴチ20」と言われるが、餌を一度くわえて飲み込みやすいようにくわえなおすため、それぐらいカウントして最初のアタリから待つ。しっかり掛かったら、焦らず巻かずに一定の速度で引き上げてタモで回収しよう。

POINT シーズン狙いでサイズをUP

餌をすくう場合は、熱帯魚店などで売っている網ですくうとよい。餌が傷みづらくて手返しがよくなり、餌の状態もキープできることから釣果につながる。釣りの間の予備の活き餌もバケツの中で携帯用ポンプなどを利用すると餌が弱りにくくなり、鮮度を保てる。

+α 針にこだわろう

餌の種類によって適切な針を選ぼう。やや大きめのエビ餌の場合はスズキ針、弱りやすいイトヒキハゼやマハゼの場合はセイゴ針やチヌ系を使って餌のストレスをできるだけなくし、弱らないようにする。

夏のマゴチ釣りの外道はスミイカなどである。

65
LEVEL
★★★★★

アカアマダイ

アマダイは深場の底に穴を掘り じっと餌を待つ

□ 釣れるのはアカアマダイがメイン
□ 海底に穴を作り、潜って待ち構える。獲物が来ると飛び出す
□ 群れないが、ポイントには仲間が多く住んでいる

アマダイの種類は3種類 シロアマダイは絶品

日本に生息するアマダイは主にアカアマダイ、シロアマダイ、キアマダイの3種類。ほかにも姿が似ているもので2012年に新種として発見されたハナアマダイが奄美諸島、沖縄本島の周辺に生息する。よく釣れるのはアカアマダイで、美味で珍重されるがシロアマダイはさらに美味。

アカアマダイの産卵期は6～10月。産卵期に2回産卵のピークがあると考えられている。成長のスピードはオスのほうが早い。アマダイの場合、年齢とともに体が出来上がる成熟度（成魚になる）が少しずつ上がり、例えば5歳だと成熟度は50%前後となる。

アマダイの 生息エリアと習性

寿命は、オスメス共に10歳程度。アカアマダイは、東シナ海から日本海西部の水深30～130mの海域に多く生息している（シロアマダイは水深100m前後、キアマダイは30～300m）。アカアマダイは、小魚がふらつく砂泥底で、周りに根がある所に穴を掘ってなわばりを作り、穴居生活をおくるため、生息場所が変化しにくい。

普段は穴居から頭だけ出して、獲物が通るのを待ち構え、飛び出して吸い込みで捕食する。遊泳は底から1m程度。群れて泳ぐことはないが、生息する穴居は、周辺に仲間が集まっているので、同船している人が釣れ出したら、釣れるチャンス。

6-8月に山口県で捕獲されたアマダイの年齢とサイズ（単位：cm）

	1歳	2歳	3歳	4歳	5歳	6歳	7歳	8歳	9歳
オス	22	27	31	34	37	38	39	40	41
メス	20	25	28	31	32	33	34	35	36

生息域の違い

水深 30-130m	アカアマダイ
水深 80-120m	シロアマダイ
水深 30-300m	キアマダイ

📅 **24** **Calendar**

| 1月 2月 3月 4月 5月 6月 7月 8月 9月 10月 11月 12月 |

産卵期

 美味　　　　 美味

アマダイ釣りは夏と冬がシーズン。東京湾、相模湾では冬に多く出船するが、瀬戸内海、日本海側では夏がシーズン。日本海側ではシンプルな仕掛けで、天秤を使わずオモリ100-120号で釣る。

📍 **釣れるエリア**

琉球諸島を除く本州中部以南

水深 30～300m

💬 アマダイは海底から中層で数匹から数十匹程度で集まり、海底にそれぞれ穴を掘って生息している。

赤甘鯛 Branchiostegus japonicus
あかあまだい

❖ アカアマダイの生態

分類　　スズキ目・キツネアマダイ科・アマダイ属
捕食　　小魚・オキアミ
全長　　最大で 60cm 前後
地方名　グヂ、スナゴ、クズナなど

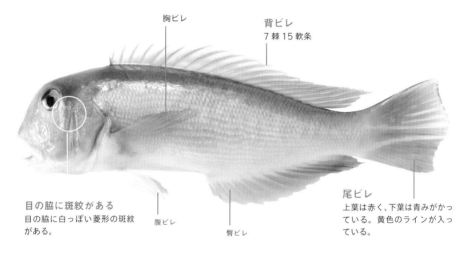

胸ビレ

背ビレ
7 棘 15 軟条

目の脇に斑紋がある
目の脇に白っぽい菱形の斑紋がある。

腹ビレ

臀ビレ

尾ビレ
上葉は赤く、下葉は青みがかっている。黄色のラインが入っている。

アマダイ釣りで釣れる外道
アマダイは底にいるため他の底の魚が釣れることもある。

ヒメコダイ

トラギス（オキトラギス）　　トラギス（クラカケトラギス）

ベラ（ホシササノハベラ）

HINT　底ものは外道が多い

アマダイ釣りは底の魚なので、外道が多い。数回タナを取ってアタリが無かったら回収して餌を点検しよう。また、夜光ビーズなど目立つものがあったら外すのも一つだ。ただし外道も高級な物もあるのでキープして料理を楽しんでみるといい。

POINT　アマダイ釣りには 2 種類

アマダイ釣りは、浅場と深場を狙う場合がある。浅いと水深 30m 前後、深い場合は 100m 前後を狙う場合もある。浅場専門で狙うアマダイ船「ライト（LT）アマダイ」がある。ライトの場合は水深 40 ～ 100m 以内で行う。

💬 アマダイは名前からタイ科と思われがちだが実は違う。味が上品なことから名前にタイがついたとされる。

66
LEVEL
★★★★☆

深場に生息するアマダイは
オキアミのサイズを変えて誘う

□ 餌の動かし方はナチュラルにする

□ タナが合っているかどうかこまめに確認する

□ 外道の釣れ具合でその日の状況を判断できる

タックルと仕掛け

竿 **アマダイ専用竿**
長さ：2.1 〜 2.4m
調子：6：4 〜 7：3
オモリ負荷 50 〜 80 号程度

代用 **マダイ竿、イサキ竿**
マダイの場合は短めな 2.7m 程度まで。イサキは 2.4m 程度のもの

道糸 **PE**
太さ：2 〜 3 号
長さ：200m

仕掛け
全長：2 〜 3m

天秤 **片テンビン**
サイズ：30-40cm

オモリ **小田原型**
重さ：60 〜 80 号

ハリス **フロロカーボン**
太さ：2.5 〜 4 号
長さ：2 〜 3m

枝ス **フロロカーボン**
太さ：2.5 〜 4 号
長さ：25cm

オモリ **ガン玉**
重さ：3B

針 **ケン付チヌ針**
サイズ：3-5 号

ユニノット
(P.29)

120cm

30cm

30cm

50cm

内掛け結び
(P.29)

リール **中型両軸リール**
PE2 〜 3 号を 200m、電動だと楽にできる。

ひとめでわかる！ タックル一覧

中 両軸	7:3調子 LT	PE 2-3号	片天秤 30-40cm	オモリ 60-80号	仕掛け

レンタルタックルは電動ではない場合が多く、重量も重い。自前で揃えるなら軽量化を考えたい。

Check! アマダイ釣りの方法

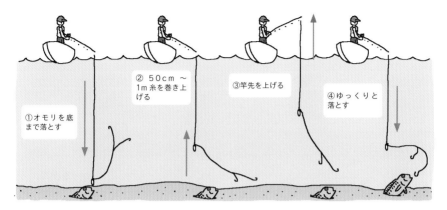

① オモリを底まで落とす

② 50cm～1m糸を巻き上げる

③竿先を上げる

④ゆっくりと落とす

深場を狙い、重いオモリを天秤に付けてアマダイを釣る

アマダイは底に生息する。アマダイ釣りは深場に餌を落とすため重いオモリを天秤に付けて落として釣る。

腹から針が出ている状態

釣り方は、餌のオキアミの尾をカットし針を入れ、腹から針を通し刺す。仕掛けを投入し、オモリが着底したら50cm～1mほど巻き上げてキープ。竿先を大きく上げて、スーっと自然に落としていく。

少し潮が流れていると、潮に仕掛けが当たるため付け餌がソフトに動き、「ナチュラル感」を演出できる。また、1m前後の誘いを2～3回、大きく2mの誘いを1回など、パターンを決めて行うと効果的。重要なのは、タナが間違っていないかどうか。数回に一回は底立ちを再確認する。

底ものは外道が釣れやすいが外道の活性で確率を予想する

この釣りに外道は付きものであるが、逆に底にいる外道を通してその日の海のコンディションを確認することができる。

例えばフグなどが多い場合は水色が良く潮が緩い状況。レンコダイなどが多いときは状況はベスト。底潮が動かない時、底荒れしているときは外道が少ないことが多いなど、煩わしい外道だが、海中の状況を判断する手がかりともなる。

POINT オキアミの針掛けは重要

針にオキアミをセットするときは、シルエットをまっすぐにすると、海の中でクルクル回らず自然な動きになる。

なるべくまっすぐに

+α 食いが悪い時にできる工夫

食いが悪い時はオキアミのサイズを変えてみよう。船釣りでは船宿が餌を準備してくれるが、事前に釣具店でL～3Lサイズのものを用意するとよい。サイズを大きくしてアタリがあれば、オキアミを針に掛けて、抱き合わせるようにもう1匹針に掛けて大きくしたものも試してみよう。

船宿で配られるオキアミが足りないと感じたら自前で持っていこう。

COLUMN
釣具を選び、使う楽しみ

大澤 将央

釣具店　10minutes（東京都）

餌釣りとルアーフィッシング

釣りは大きく分けて餌釣りとルアーフィッシングがありますが、餌釣りのよさと、ルアーフィッシングのよさは比べるところが異なります。餌釣りの仕掛けの動かし方はルアーフィッシングと異なった繊細さで、魚によっては狙って釣るには高度な技術と集中力が必要です。

ルアーフィッシングは疑似餌で匂いもなく、魚にとっては餌よりも魅力がない。しかし、魚種によっては攻撃性や反射行動に訴えかけて釣ることができるので、場合によっては餌釣りよりも釣果が期待できます。例えば、夏のシイラフィッシングなどはシイラの餌への貪欲さや捕食の素早さは餌よりもルアーの方がマッチしています。釣るためには、ルアーを操作するテクニックを必要とし、数釣りではなく、魚と一対一での駆け引きも楽しめる釣りです。

釣具選びから釣りを楽しむ

日本の釣具メーカーが作る商品は海外で絶大な人気があり、海外の釣具店へ行くと非常に人気で数多く売られています。

80年代、日本では湖や野池、河川で釣るバスフィッシングブームが起き、海外のルアーが輸入され、見た目も性能も個性的なルアーが出回った時期でした。

日本のメーカーは、過去のルアー史に残る画期的な機能を持たせる事で、その後のルアー作りの世界基準となるようなものを作っています。日本の「技術力」は間違いなく世界一で、現在でも新たな性能の開発を進めており、さらには商品の精度がバラツキのなく仕上がりがよいものが多いのも信頼の一つでしょう。

その半面、個性的なルアーは手作りであったり材質がバルサ、ウッド等の天然素材などで、動きにバラツキがあったりと善し悪しが分かれるものの、自分に合ったルアーを探し、実際に試す楽しみがあります。

釣りには、数釣り、長さや重さのサイズを競う釣りとありますが、こうして釣具からじっくりと選んで、現地で試す「一匹と関わる楽しみ」や「休暇をゆっくり楽しむ」というスタンスも。釣果だけでない楽しみを味わえるのも、釣りの奥深さでしょう。